ファンを増やす
“コミュニケーションツール”
の決定版！

お客の心をぎゅっとつかむ！

小冊子作成講座

あらがみ かずこ

同文舘出版

はじめに
経営者が抱える「ある共通の悩み」

「うちの会社の商品・サービスは他社のものと比べてもこんなにすぐれているのに、お客様はどうしてわかってくれないのだろう？」

「いつまでたっても社員が育たない。私はこんなにがんばっているのに、どうしてみんなわかってくれないのだろう？」


経営者のみなさんには、ある共通点があります。多かれ少なかれ、「想いが伝わらないもどかしさを感じている」ということです。

そもそもお客様は、伝えようとする以前に、あなたの話にわざわざ耳を傾けてくれません。

ひと昔前と比べ、情報の流れ方は１８０度かわりました。

以前なら、情報はお金を出して買うのが当たり前、無料で役立つ情報が与えられれば、お客様は感謝してくれました。

でも、現在はどうでしょう？

インターネットを使えば必要なときに必要なだけ、情報をさがすことができます。パソコンだけでなく携帯電話もあれば、いつどんなところにいても自由に、必要な情報を得ることができます。さらに街では、無料で手に入るフリーペーパーを目にしない日はなくなりました。

お客様は、必要な情報を自分で調べ、自分で考え、自分で決めることができるのです。わざわざあなたの話に耳を傾ける必要があるでしょうか。

このような状況で、自らの会社のことを知ってもらうために新たなはたらきかけをすることは、決して一筋縄ではいきません。

会社の個性や特徴、商品のすばらしさ、あなたの心のなかにある理念や想い。あなたはこれらをお客様にきちんと伝えていますか。社員や協力会社、取引先に対してはいかがでしょうか。

「どうしてわかってくれないのだろう？」

「こんなにがんばっているのに、どうして伝わらないんだろう？」

そうしたストレスを抱え、胸が張り裂けそうになるほど苦しくなるときはありませんか。

●会社のファンを増やすコミュニケーションツール、小冊子

お客様が話を聞いてくれない。なかなか心を開いてもらえず、話が先に進まない。信頼関係が築けず、契約に結びつかない。それ以前に、自分の頭のなかのモヤモヤを整理できない。

この本は、そんな悩みを抱えるあなたのために書きました。

これから私は、「小冊子」というコミュニケーションツールについてお話しします。

小冊子とは、通常15~20分で読み終える、60ページ前後の小さな本のことを言います。

その小さな本を作成し、さまざまに活用することで、

「あなたの会社のファンになった！」

「あなたの会社と契約したい！」

「あなたのことなら信じられる！」

「私の話を聞いてほしい！」

などの反応が得られ、強い信頼関係で結ばれたお客様を確実に集めることができるのです。

また、それだけではありません。

「自社の強みや特徴をあらためて見つめなおしたい！」

「頭のなかをすっきり整理して、将来に対する漠然とした不安を取り払いたい！」

「事業を行なうにあたり、『ブレない軸』をつくり、迷わない自分になりたい！」

あなたの心の奥深くに存在する、これらの悩みを解放することができます。


「本当にうまくいくものだろうか？」

信じられないかもしれません。簡単には信じていただけないとしても、無理はないと思います。


しかし、現実に小冊子よって驚くべき効果が、たくさん上がっているのです。

それは、日本で唯一の小冊子の総合サポートカンパニー「はなまる企画」代表である私のもとに寄せられる、日本全国の中小企業経営者の喜びの声が証明しています。

当社は、これまで発刊した2冊の小冊子、小冊子入門編『お客様と信頼関係を築く広告ツール　小冊子の魅力を徹底解剖！』、小冊子実践編『これがホンモノ！　心に響く小冊子の虎の巻』を使い、「会社のファンを増やし、業績を上げたい！」というお客様を集め、3年間でのべ100社近くの中小企業の小冊子作成をお手伝いしてきました。

（※この2冊の小冊子原稿は、本書をお読みになっている方に限り、当社ウェブサイトにてPDFファイルを無料ダウンロードできます。詳しくは巻末ページのご案内をお読みください）

この本を読み終わった後、あなたは

- 小冊子とはどういうものか
- 小冊子を使うとどういった効果が得られるのか
- 小冊子でお客様を増やせる理由
- 小冊子で会社を強くできる理由
- 想いを伝える小冊子のつくり方（まず知らなければならないこと）
- 想いを伝える小冊子のつくり方（文章の書き方）
- 小冊子の活用方法
- 小冊子の活用事例

など、お客様の心をぎゅっとつかみ、会社のファンを増やすコミュニケーションツール「小冊子」について、その基本的な知識を得ていることでしょう。

そしてさらに、あなた自身も実際に小冊子を作成・活用し、会社の業績を上げる第一歩を踏み出していることと思います。

小冊子は、とりわけ高額商品、買うまでに不安や悩みの大きい商品、買い慣れていないために商品やサービスの判断基準がよくわからないもの、一度契約したらなかなか変更できないサービス（具体的には、住宅・不動産関連・生命保険、各種コンサルティングなど）を扱っている中小企業（及び、個人事業主）にとって、特に活用しやすいツールです。

会社の強みやあなたの人柄、仕事に込める想いをきちんと伝えられる小冊子は、必要な情報をいつでも自由に手に入れることができるこれからの時代、必ずなくてはならないツールとなります。

ご存知でしょうか。ほんの数ヶ月前まであなたと同じように悩み苦しんでいた社長が、小冊子を使い始めてからというもの、集客の悩み、価格競争のストレスから一気に解放されたとおっしゃっています。また、ある社長は、小冊子によって消費者に役立つ情報提供を行なっている経営者として、たびたびマスコミに登場するようになり、会社のあり方自体を劇的に変化させました。さらに、ある社長は、小冊子を作成したことで心の整理ができ、迷いをふりきり、自信を持って事業に打ち込めるようになったとおっしゃっています。

数ヶ月後、あなたはいまと同じような不安を、まだ抱えつづけているでしょうか。それとも、強い信頼関係で結ばれ、あなたのファンでいてくれる人たちに囲まれ、幸せを感じながら毎日を過ごしているでしょうか。

その決断をするのは、いま、この瞬間です。

私はあなたのことを心から応援しています。

どうぞゆっくりと、ページをめくってください。

◎「お客の心をぎゅっとつかむ！　小冊子作成講座」目次

2章

小冊子の「2大効果」を実現するために

3章 想いの伝わる小冊子をつくるための基本事項

4章 効果の上がる小冊子はこうしてつくる！

5章 小冊子の疑問・質問はこれで解消！

6章 小冊子で想いを伝えた成功者の実例

カバーデザイン／齋藤　稔
製作協力／㈲オンサイト

1章

そもそも小冊子ってどんなもの？

1 小冊子が築くお客様との信頼関係

お客様の心をぎゅっとつかみ、会社のファンを増やすためにはどうすればいいのでしょうか。お客様はあなたの話を聞きません。

いまや情報はいたるところにあふれ、パソコンや携帯電話を使って、いつでも好きなときに入手できます。何かほしいものがあれば、自宅にいながらにしてその価格や品質、性能を調べることができ、複数の会社の情報を見比べるのも簡単です。その気になりさえすれば、私たちはいつでも、どこででも、いくらでも、ほしい情報を手に入れることができるのです。

こうした時代だからこそ、私たち一般消費者は、売り手の話に耳を傾けません。わざわざ売り手の話を聞かなくても、自分で必要な情報を取捨選択し、自分の頭で考え、自分で決めることができるのです。

たとえば家や土地を買うとき、生命保険に入るとき。あなたはどのような行動をとるでしょうか。

いきなり見ず知らずの売り手の話に耳を傾けるようなことはしないはずです。

まずはインターネットや書籍・雑誌などで役立ちそうな情報を検索するのではないでしょうか。その後、その分野に詳しい友人知人に話を聞き、その上でしっかりと考え、ある程度の知識がついた段階で初めて、売り手の話に耳を傾けるでしょう。

「自分はきちんと勉強してるんだ。営業マンなんかにだまされないぞ……」

そんな警戒心を抱きながら。

女性――なかでも家庭における購買権の8割を握ると言われる主婦は、営業マンに対するアレルギーがとても強く、「営業マン」という単語を聞いただけで、激しい拒絶反応を示す人もいます。「しつこい」「こわい」「かかわりたくない」などといった感情をむき出しにして、「売り込まれたくない」と身構えるのです。

こうした感情は、男性であっても大なり小なり持ち合わせているでしょう。

あなた自身を振り返ってみてください。消費者として、初対面の営業マンの話に熱心に耳を傾けたことがありましたか。

いまの時代、売り手の話は聞かないのが当たり前。

たとえ興味があっても、まずは自分で調べ、考えてから相談したい。相手が信頼できる人物だと想像できて初めて心を開き、悩みを打ち明けたい。

そんなふうに考えるのは、しごく当然なのです。

そして、だからこそ、実際に手にとって好きな時間にゆっくり読んでもらえる小冊子が功を奏します。

なぜなら、**小冊子は読み手にとっての役立つ情報や必要な知識を与えるとともに、あなた自身の人柄、仕事に込める想いを伝えることで、読み手との信頼関係を築くことができるツール**だからです。

小冊子はあなたに代わって、話に耳を傾けようとしないお客様に、言いたいこと・伝えたいことを伝えてくれます。

小冊子を読んだお客様は、あなたに対して親近感を抱き、安心して相談してくれるようになるのです。

2　想いを伝えることで会社の業績がアップする

ここで小冊子とは具体的にどんなものを指すのか、お話ししましょう。

ひと言で小冊子と言っても、その種類はさまざまです。

カラー刷りのカタログや会社案内のパンフレット、製品の取扱説明書、行政や医療機関、団体が発行する情報誌、金融商品の説明書、はたまた宗教法人や思想家が啓蒙活動を行なう上で作成・配布している冊子まで、いろいろあります。

「小冊子って名前は聞いたことあるけれど、企業にとって本当に役立つの？」

「パンフレットのようなものをイメージしているのだけれど……」

そんなふうに感じる方も大勢いらっしゃるでしょう。

そこで、これからこの本のなかでお話しする小冊子を定義しておきたいと思います。

①伝えたい想いをきちんと伝え、読み手と信頼関係を築き、

②その結果として、会社の業績を上げる

本書ではこの2つを満たしているものを「小冊子」と規定した上で、その効果や作成法をお話しします。

たとえば行政や特殊法人などの団体が、その活動をPRするために作成している冊子、また、カラフルな商品リーフレット、商品の仕様や代表者挨拶などが事務的に掲載されている、いわゆる会社案内などのパンフレット、タレントのインタビュー記事や有識者のコメントなどが並ぶ流通情報誌的なつくりの冊子は、ここでは「小冊子」と呼びません。

この本のなかで言う「小冊子」とは、読み手に対して、書き手であるあなたの想いを正しく伝えることで、結果として会社の業績アップにつなげるものです。

たとえば、小冊子を読んでくださった方から、次のような「声」が届きます。

- **教えてくれてありがとう**
- **とても参考になる、ためになる**
- **なんだかすごく胸に響いた**
- **あなたの会社のファンになった**
- **ぜひあなたの会社にお願いしたい**

・あなたの会社から商品を買いたい
・社長のことがよくわかった
・社長の考えに共感できる
・社長の人柄が好きになった
・あなたの会社と取引したい
・あなたの会社に入社したい
・私の話を聞いてほしい
・私の相談にのってほしい
・私の悩みを解決してほしい

つまり、読み手は小冊子を読むことで、まるで以前からよく知っている間柄であるかのように、あなたに対して親しみを感じ、心を開き、信頼するようになるのです。

業績アップの
お客様があなたの会社のファンになる！
これがホンモノ！

●現在つくられているさまざまな小冊子

3 私も小冊子で成果を上げてきた

本書で提案する小冊子がどういうものを指すのか、だいたいのところはご理解いただけましたか。

あらためまして、ここで少し自己紹介をさせてください。私は「有限会社はなまる企画」という日本で唯一の小冊子作成総合サポートカンパニーの代表をしている、あらがみかずこと申します。

縁あってこの本をお読みいただくあなたに、私の人となりを知っていただきたく、まずは「なぜ私が小冊子を書く仕事をしているのか」について、少しお話しさせてください。なぜなら、私のこれまでの経緯をお話しすることで、小冊子というすばらしいコミュニケーションツールについての理解にもつながると思うからです。

私が小冊子をつくる仕事を始めたきっかけは、子どもの頃までさかのぼります。

子どもの頃から、手紙を書くのが好きでした。わずかなお小遣いを握りしめて文房具店に足を運び、気に入った便せんを眺めては、

「この便せんで、誰に手紙を書こうかな」

「どんなことを書こうかな。喜んでもらえるかな」

そんなふうに思いを巡らせていたことを、いまでもよく覚えています。

大人になってからは、手紙との縁がますます深くなりました。

20代の半ばには、遠距離恋愛を通して、ほぼ毎日のように便せんに向かってペンをとり、日々のとりとめもない出来事をつづる時期がありました。

およそ2年半の間に、二人の間を行き交った手紙の数は1100通以上……！

実際のところ、書くことなど何もないのです。それほど変わった毎日を過ごしていたわけでもありませんでしたから。

けれど、**想いを言葉にしてつづるおもしろさ！**

その文章を読んで、何かを感じてくれる人がいるすばらしさ！

いつの頃からか、それは私にとって、何事にも代えがたい喜びとなっていました。喜びを持

って書かれた手紙は、心のこもった文章となり、相手に想いが通じやすくなるものです。

「手紙を書くのが好き」というのはよくある趣味のひとつですから、ここで声高に申し上げることではないのかもしれません。

ただ、私は手紙も小冊子も、原点は同じだと思うのです。

小冊子だけではありません。季節のご挨拶状や見学会・相談会などのご案内状はもちろんのこと、サンキューレターやニュースレター、メールマガジンやブログも、「想いを伝えることで会社のファンを増やす」という面から言えば、これらのマーケティングツールはすべて「手紙」とも言えるのではないでしょうか。

手紙ですから、立派な体裁にして宣伝文句を並べ立てるわけではありません。一方的に書きたいことをつづるのではなく、読み手の状況や気持ちを想像しながら、

「なぜこの仕事を始めたのか?」

「この仕事を通じて、お客様にどうなっていただきたいのか?」

などのあなたの仕事に込める想いをつづります。

ただ単に商品の宣伝文句を並べるだけでは、読み手の心には響きません。売り込むばかりの文章では、お客様の心を固く閉ざしてしまうだけ。でも、手紙のように気持ちを伝えることができれば、それは記憶として残ります。印象として心のなかに刻まれます。

そして、来るべきときに、それは必ずお客様の心を揺り動かし、結果として企業の業績アップにつながるのです。

2002年春、知人から「小冊子を書いてみないか？」と声をかけていただいて以来、「小冊子って、どうやって書けばいいんだろう？」「どうやって書けば、いちばん効果的なんだろう？」「読み手であるお客様の心をぎゅっとつかんで離さないためには、どうすればいいんだろう？」……。誰よりも強く、また誰よりも深く、そう追求してきた自負があります。

小冊子を読んだお客様の心をぎゅっとつかみたい！

中小企業経営者の仕事に込める想いを伝え、人柄を伝え、会社の強みを伝えることで、会社のファンを増やしたいと願う中小企業の力になりたい！

その想いを胸に、過去3年の間に、のべ100社近くの中小企業経営者の強みや心の奥深くにひそむ想いを引き出し、言葉にして伝えるお手伝いをしてきました。

そして同時に、当社自らが、2005年2月に私が書いた2冊の小冊子、小冊子入門編『お客様と信頼関係を築く広告ツール　小冊子の魅力を徹底解剖！』、小冊子実践編『これがホンモノ！　心に響く小冊子の虎の巻き』を有料（2冊3000円）で販売し、1年と10ヶ月の間に300社近くの方から小冊子を購入していただき、そのうちの約13％の方から、小冊子にかかるサービスの依頼をいただいてきました（リピート受注は含みません）。

この数字の判断は、あなたに委ねます。しかし、少なくとも当社は、クライアント企業の小冊子作成のお手伝いをするだけでなく、自らが「小冊子マーケティングの実践者」としてある程度の結果を出してきたと申し上げて差し支えないと思います。

4 効果が出ない小冊子に見られる4つの間違い

私自身のことをお話ししましたが、本書をお読みになっている方のなかには、すでに小冊子についていろいろ勉強なさっていたり、過去に読んだ小冊子の印象から、

「つまらないものが多く、最後まで読み通せなかった」

「がんばって読んだけれど、ちっとも心に響かなかった」

「他の会社でも同じものを配っていた。使いまわしているのがわかって、がっかりした」

など、「効果」という点では半信半疑の方もいらっしゃるでしょう。

あるいは、過去に小冊子をつくった経験から、

「いまからつくっても、もう遅い」

「それほど魅力的だと思わない」

といった印象をもたれている方もいらっしゃるかもしれません。

実際のところ、これまで私が手にしてきた小冊子のなかには、「これでは効果は出ないだろ

う」と感じるものも少なくありませんでした。「効果が出る」小冊子と「効果が出ない」小冊子、その違いはどこにあるのでしょうか。ここで考えてみたいと思います。

「効果が出ない」小冊子には、次のような特徴があります。

- **他社のものを真似しただけのもの**
- **専門用語ばかりでむずかしい**
- **文章が読みづらく、途中であきてしまう**
- **内容がつまらないので、最後まで読み通せない**
- **不安をあおるばかりで、いい気持ちがしない**
- **書き手の人柄がまったく伝わってこない**
- **ちっとも心に響くものがない**
- **読んでもすぐに忘れてしまう**
- **無料でもらっても、まったくありがたくない**

小冊子はあなたに代わってお客様に想いを伝えてくれる、あなたの分身です。

社員教育や人材採用を熱心に行なうのと同じように、真剣に気持ちを込めてつくらなければ、最後まで読み通してもらうことはできません。

お客様の目はごまかせません。文章を読めば、どの程度気持ちが込められているものか、すぐに見破られてしまいます。

また、あなたの会社が一般消費者、特に女性（なかでも主婦）をターゲットにしているとしたら、専門用語をこむずかしく並べ立てたり、頭ごなしに決めつける文章表現を用いるのは、言語道断です。

女性が何を求めているのか察し、丁寧に気持ちを汲みとる書き方をしなければ、売上げを伸ばすどころか、かえって反感をかってしまいます。場合によっては誤解を招き、「悪い評判」が立つことさえあります。

ひとたび間違った情報が流れてしまえば、その情報を取り消すのにどれほどの長い時間と多大な労力が求められることでしょう……。

そのような事態に陥らず、小冊子で確実に効果を上げるために、よくある小冊子の4つの間違いについて、次にまとめました。

よくある小冊子　４つの間違い　その①

つまらないから最後まで読めない！

「読んでいてもつまらない、話のなかに引き込まれない」

「文章が読みにくいから、途中で読むのをやめてしまった」

どんなに高価なつくりであっても（必ずしも立派に印刷する必要はないのですが）、読みやすく・わかりやすく書かれていなければ、最後まで読み通してもらえません。

特に、主婦や若い女性は「何を言っているのか、意味がよくわからない」「つまらない」「読みにくい」「文章がわかりづらい」——そう思った瞬間に、その先を読むのをやめてしまいます。

先へ読み進めてもらうためには、どうしても、ある程度のライティング力や編集力、レイアウト調整力が必要です。

教科書的になっていないか、堅苦しい雰囲気になっていないか、文章は読みにくくないか、見づらいレイアウトになっていないか、客観的にチェックしましょう。

多少ぎこちなくてもかまいませんから、伝わる文章になっているか、印象に残る内容か、味わいのある文章か、読み手の目線で確認してみましょう。

効果を出す小冊子をつくるために、これらは必要最低限の条件です。

よくある小冊子 4つの間違い その②
役立つ情報が書かれていない！

「すでに知っていることばかりで、役に立たなかった」
「専門的な話をされても、何のことだかよくわからない」

小冊子の書き手であるあなたは、その業界のプロです。プロであるあなたは、お客様から見ると、その商品やサービスについて教えてくれる「先生」のような存在でなければなりません。

先生ですから、お客様が知って得する情報を書くのは当然のことながら、それをきちんと理解してもらわなければなりません。その上で、読み手から「教えてくれてありがとう！」という声が聞こえてきて初めて、小冊子が成功したと言えるのです。

小冊子では、むずかしい話をする必要はありませんし、お客様にプロ並みの知識を与える必要もありません。

お客様にしても、何もプロ並みの知識を得たいとは思っていないはずです。

お客様が得たいのは、「役に立つ（と信じられる）情報」です。むずかしすぎる情報は、その業界の素人であるお客様には使いこなせません。

たくさん情報を提供したいという書き手のサービス精神を否定するつもりはありませんが、必ずしも「情報量」が読み手にとって有益とは限りません。内容が専門的すぎていないか、むずかしく感じられていないか、よく確認してみましょう。

「お客様が本当に知りたいことは何か？」

小冊子ではその答えを書きます。

よくある小冊子４つの間違い　その③
以前にどこかで読んだことがある！

「この小冊子、たしか以前にもどこかで読んだことがある」
「小冊子を読んでその会社に行ったら、書かれていたことと内容が違い、がっかりした」

これでは、せっかく小冊子を作成したところで、業績アップは期待できません。

他の会社がつくった小冊子とまったく同じで、著者名と著者プロフィールが書き換わっているだけという小冊子で想いを伝えられるかと言えば、もちろんＮＯ！　でしょう。

まとまったボリュームの文章を書くためにはどうしても長い時間が必要になりますし、慣れない作業に取り組むことで、苦しむこともあるでしょう。だからと言って、他の会社と同じ内容では、読み手の心に響く小冊子をつくることはできません。

真似することを頭ごなしに否定するつもりはありません。

心に響く文章を読めば、自然にそのフレーズが頭のなかに残り、自分が文章を書く際にそれが出てくることもあるでしょう。また、何かを参考にしながらつくることができれば、書く作業はずっと楽になります。

しかし、小冊子では、あなた自身の経験から気づき学んだこと、自社ならではの強みやどうしても伝えたいと思うこと、それらをあなた自身の言葉で語らなければなりません。

そうでなければ、せっかくその小冊子を手にしてくださったお客様の期待を裏切ることになります。

よくある小冊子 ４つの間違い その④

書き手の人柄が伝わってこない！

「なんだか全然親しみがわかない」
「自慢話ばかりで、読んでいるだけで疲れてしまう」

なんとなく味気なくて、親近感が持てない。立派な人だとは思うけれど人柄や人間性は感じられない。とってつけた言葉ばかりでちっとも胸に響かない……などなど。

そのつもりはなくとも、結果的にこのようにつくられてしまえば、やはり効果を期待することはできません。

小冊子では知って得する役立つ情報とともに、あなたの人柄をも伝えます。書かれている内容とそれを書く「人物」の両方を信頼できて初めて、読み手は心を動かし、行動に移すのです。

たとえ役立つ情報が書かれていても、書き手のあなたを信頼してもらえなければ、情報だけを手に入れて、他の会社にコンタクトをとってしまうこともあります。

小冊子ではあなたの人柄、仕事に込める想いを伝えます。そして、その人柄、熱い想い、使命感に共感していただき、読み手との信頼関係を築くのです。

以上、小冊子づくりにおいてよくある4つの間違いについて述べました。

小冊子で読み手の心をつかみ、成約まで導き、会社のファンを増やすためには、まずその大前提として、正しいつくり方を学ばなければなりません。

自分自身の内面と真剣に向かい合い、「本当に伝えたいことは何なのか?」また「伝えるべきことは何なのか?」——それらについてきちんと頭のなかを整理し、できるだけふさわしい言葉を選びながら慎重に書き進めなければなりません。

「でも、いったいどうやって？」

「そのためには、どうすればいい？」

それは3章・4章でじっくりお話しします。

その前に、もう少しあなたに小冊子の効果を実感していただくため、次の章では小冊子を使って得られる効果について、ひとつずつ確認してみましょう。

2章

小冊子の「2大効果」を実現するために

1　売上げを伸ばし、組織を強くする2大効果をもたらす小冊子

「小冊子をつくって配布したら、お給料が7ケタになりました」（U様　保険コンサルタント）

「一般家庭向けの26万円もする高額商品が、お会いせずとも売れています！　小冊子を作成する前は一台も売れなかったのに！」（E様　健康機器販売）

「お客様と見えない糸でつながっている感覚があります。プランも見積書も出してない段階で、『あなたのところで契約するから』と言われました」（H様　住宅会社）

――ここに掲載しているのは、実際に私のもとに届いた生の声であり、どれもうそ偽りのない真実の声です。小冊子を使って得られる効果はたくさんあるのです。

その効果は、大きく2つに分けることができます。

ひとつは、売上げが伸びる（マーケティングツールとしての効果）、

もうひとつは、組織が強くなる（マネジメントツールとしての効果）

読者のなかには、すでにご自身で小冊子を作成し、いま現在、存分に活用しているという方もいらっしゃるかもしれません。あるいはこれまでにマーケティングの本を読んで小冊子に興味を持ち、作成するかどうか検討中の方もいらっしゃるでしょう。

すでにいろいろな知識をお持ちの方々も、実は先にあげた2つのうち、意外に気づいていないのが、後者の「マネジメントツールとしての効果」です。

後ほどしっかりお話ししますが、小冊子は集客だけでなく会社を強くするという点でも、非常に大きな効果を発揮します。むしろ、こちらの効果こそ、会社の業績アップにつなげる「肝」になる部分でもあります。

まずは順番に、見ていきましょう。

2

マーケティングツールとしての効果

売り込まなくても売れる！
お客様があなたの会社のファンになる！

「チラシや広告だと、どうしても『売り込み』の気配を消せなかったのですが、小冊子で『伝えたいけど伝わらないもどかしさ』から解放された気がします」（K様　リフォーム業）

「小冊子のおかげで、お客様を説得する必要がなくなりました。信頼してまかせていただけるので、合い見積もりにもなりませんし、無理な値引きに応じる必要もありません」（T様　看板メーカー）

「初めてお客様とお会いするとき、小冊子を読んでくださった方全員が、すでに私をよく知ってくださっています。知り合いのように家にあがり、いきなり仕事の話を始めることができます。どれだけ楽で確実かは、言うまでもありません」（H様　リフォーム業）

小冊子を作成・配布し始めると、売り込むストレスが大幅に軽くなります。これが何を意味するか、おわかりでしょうか。

小冊子を読んでもらうことで、売り手はお客様とお会いする前から信頼関係が築けるようになります。仕事を『依頼する側』と『依頼される側』の上下関係がなくなり、お客様と対等な立場で取引きできるようになります。それゆえ、強引な値引きに応じる必要もありません。

実際のセールスの場面を想像してください。

あなたの目の前に、お客様がいらっしゃいます。このお客様は、初めからきちんとあなたの話に耳を傾けてくださるでしょうか。

いいえ。大概のお客様は、緊張して逃げ腰になっていることでしょう。

たとえお客様のほうから資料がほしいと連絡してきたのだしても、初対面で顔を合わせるときの心境は、容易に想像できます。

「あぁ、また営業マンにつかまってしまった。適当なところでとっとと切りあげよう！」

「この人は本当に信用できるの？　どうせまたこの前みたいに、一方的に自慢話ばっかりするんじゃないの？」

「絶対に説得されたくない！　ちゃんと自分の意思で買うか買わないか決めなくちゃ！」

なかにはこのような感情を露骨に顔に出す方もいるでしょう。まるで野良犬を追い払うように、邪険な扱いをする方もいるかもしれません。

しかし、事前にお客様が小冊子を読まれていたとしたら、どうでしょうか。

お客様はすでにあなたのことや会社のこと・商品のことを、小冊子を通じてよくご存知です。どんな人か知っているという安心感から、リラックスして話を聞いてくださいます。警戒心を解き、初めから本音で話し合えるようになります。

これにより、売り手の緊張感やストレスがどれほど軽くなるか、容易に想像できます。

すでに打ち解けて信頼してくれているのですから、足元を見られることもありません。

「私の悩みを聞いてほしい！」

「他社でこんなことを言われたのだけど、それって本当なの？」

当社のクライアントである住宅会社のHさんいわく、逆にこのようにお客様のほうから身を乗り出して、相談してくれることさえあるそうです。

小冊子で信頼関係を築いておくと、お客様があなたの会社のファンになります。

「あなたの会社から商品を買いたい！」

「あなたの会社にお願いしたい！」

そう頭を下げて懇願するお客様を、次から次へと集めることができるのです。

また、契約後についても同様です。

人間ですからどんなに一所懸命に仕事をしても、ひとつや2つ、ミスを起こしてしまうこともあるでしょう。クレームをいただいてしまうこともあるかもしれません。そんなときも、小冊子によって信頼関係が築けていれば、たまたま起きてしまったアンラッキーな出来事として、お客様の心にしこりを残すことなく、問題を解決できるようになります。

3 マーケティングツールとしての効果

商品購入までのスムーズな流れをつくり、ツーステップ販売が可能になる！

「高額商品だから、ツーステップで売りたいと思いました。そのために小冊子を作成しようと思いました」（N様　健康機器販売）

「まず情報を提供して、お客様にも勉強していただきたいのです。その上で興味をもってくださった方とだけ商談するほうが、効率がいいですから」（K様　保険代理店）

ツーステップ販売　その①
売り手に対する不安をなくす

「ツーステップ販売」をご存知でしょうか。ツーステップ・マーケティング、ツーステップ営業などと称されることもあります。

「ツーステップ販売」とは、本当に売りたい商品をお客様にご紹介（販売）する前に、無料、もしくは低価格の商品を一度ご提供し、その後で本当に売りたい商品を購入していただくことを言います。販売までのステップをひとつ増やすことで、「見込み客のリストを集めることができる」「お客様にあなたの会社のことを知っていただける」などのメリットが発生します。

たとえば、ここに、AとB、2人の税理士がいるとします。どちらも同じような経歴、サービス内容、料金体系で事業を行なっています。

2人のウェブサイトを見てみると、デザインは似ていますが、ひとつの大きな違いがあります。

まずA税理士は「プロフィール」「サービス内容」「料金体系」「事務所の地図」「問い合わせフォーム」などをわかりやすく掲載しています。センスのよいウェブサイトですが、初めてホームページを見た人が、問い合わせフォームからいきなり問い合わせるには、少し心理面でのハードルが高い気がします。

一方、B税理士は同じく「プロフィール」「サービス内容」「料金体系」「事務所の地図」「問い合わせフォーム」などの他に、経営に役立つ小冊子を無料で請求できるようになっています。

その小冊子には、会社を経営していくにあたり、知っておいて損のないお金の話、税金の話、節税対策についての話が、自己紹介をまじえながら、読みやすくまとめられています。さらに表紙のデザインからは、どことなくあたたかみが伝わってきます。

すでにおわかりのとおり、このB税理士はツーステップ販売を実践しています。ウェブサイトからいきなり顧問契約の依頼を得るのではなく、まずはサイトを訪れてくださった方に、無料小冊子を請求していただくことで、依頼までのステップにワンクッション置いているのです。

今度はあなたがお客様だとして、税理士をさがしていると仮定します。その場面を思い浮かべてみてください。

信頼できる税理士をさがすのは、そう簡単なことではありません。たとえ親しい知人からの紹介であっても、会社の経理状況を洗いざらい打ち明けるわけですから、人前で裸になるも同然です。本当に腹を割って話しあえる、信頼できる相手でなければ、お金の話などできないと思います。

そんなとき、まず小冊子を読んで、どんな人か見極めるチャンスを持てるとしたらどうでしょう。きっと相手に対する不安は軽減され、依頼にいたるまでの心理面でのハードルは、ずっと低くなるはずです。

ツーステップ販売　その②
会社のことを知ってもらう

一般的に、私たちは普段買い慣れていない製品や、高額商品などの購入を考えるとき、「本当にこれでいいのかな？」と迷います。

と同時に、

「いったいどうやって選べばいいのだろう？」

「何を頼りに信頼できる業者をさがせばいいのだろう？」

「よくわからないから、誰か教えてくれないかな？」

などと、いろいろな不安・悩み・心配ごとを抱えます。

それらの心配ごとを抱えているお客様に対して、いきなり商品のよさを一方的にアピールしても、お客様の心には響きません。無理やり売り込んでも、成約どころか反感を買うリスクのほうがずっと高いことは、容易に想像できます。

では、商品を買うかどうか考えるとき、不安や悩み、心配ごとを抱えているお客様がとる行動とはどんなものなのでしょうか。

1章で説明したとおり、ウェブサイトをチェックしたり、雑誌や書籍を読んだり、以前にその商品を購入したことのある知人から話を聞いたりしながら、情報収集に努めます。

だからこそ、**あなたもお客様にとっての役立つ情報・必要な情報を提供し、お客様にあなたの会社のことを知っていただくことが大切**なのです。そして、その知っていただくためのツールとして最もおすすめしたいのが、小冊子というわけです。

購入するまでにいろいろな不安・悩み・心配ごとを抱え、じっくり考えなければ購入の決断ができない商品・サービスほど、このツーステップ販売が功を奏します。

たとえば、住宅販売業であれば、『信頼できる住宅会社の選び方　5つのポイント』、保険販売代理店の方であれば、『よい保険とよくない保険　その選び方』、ウェブサイト制作会社であれば、『成功するウェブサイト制作の丸秘テクニック』などといったタイトルの小冊子を無料（もしくは低価格）で提供します。

その小冊子のなかで、会社や商品・サービスの選び方についてはもちろん、あなた自身についてお伝えすることで、それを読んだお客様は、

「役に立つ情報を教えてくれて、ありがとう！」

「業界のことがよくわかった！」

といった印象を持ってくださいます。

その後、好意を抱いてくれたお客様に、家や保険やウェブサイト制作サービスなどの、本当に売りたい商品（利益を出す商品）を販売するのです。

4 マーケティングツールとしての効果

費用対効果が高く、少予算で集客できる！

「小冊子を配り始めてから忙しくなってしまい、いまはウェブサイトの有料広告をやめています。以前と比べ、広告宣伝費がずいぶん安くなりました」（S様　社会保険労務士）
「いったん印刷すれば、ずっと使える点がいいですね。チラシのように毎回コストをかけなければいけないツールよりも、価格の面でお得だと思います」（N様　呉服販売）

小冊子は少予算で集客できるツールです。

自社で作成すれば、作成代金はかかりません。ご自身やあなたに代わって書いてくれるスタッフの手間、それに印刷製本コストだけです。

また印刷製本にかかるコストは、ページ数や印刷方法、写真の有無や色数、印刷部数により異なりますが、500〜1000部印刷して約12〜20万円ほど。つまり1冊あたりのコストは、わずか120〜200円です。

これがたとえばチラシの場合、印刷会社にチラシ製作を依頼し、1回あたり10万部を新聞に折り込むならば、コストは軽く数十万円かかります。しかも、その額の出費を毎回繰り返さなければなりません。

また、雑誌広告・新聞広告の場合、その媒体や広告スペースの大きさ、掲載位置、色数などにもよっても大きく異なりますが、やはり数万〜数十万円はかかります。

これらのツールにかかる代金が、高いと申し上げているわけではありません。媒体によってそれぞれ目的が異なりますから、そもそも比較するのはおかしな話です。それを承知の上で、価格の目安をつけていただくためにあえてお話ししています。

小冊子は、紙媒体のなかでも特に低予算で作成でき、比較的、集客・成約につなげやすいツールです。作成にあたりプロの力を借りるのであれば、そのためのコストはかかりますが、次にお話しするふたつの特徴から言っても、小冊子が非常にコストパフォーマンスの高いツールであることは間違いありません。

コストパフォーマンス　その①
長い期間にわたって使える

小冊子の大きな特徴として、いったん作成すれば長く使える点があげられます。

たとえばチラシの場合、その寿命はどれくらいでしょうか。新聞に折りこまれたその日限りです。なかには長く保存されるものもありますが、一般的には、その寿命はほんの数日です。

また、新聞・雑誌広告についてはいかがでしょうか。新聞広告であればチラシと同様、ほんの数日。雑誌広告であればその雑誌の発刊日から次の号が発刊されるまで。週刊誌であれば1週間。隔週誌であれば2週間です。

この場合も、たまたまその雑誌の特集記事などによっては長く手元に保存される場合もありますが、ケースとしてはごくわずかですし、保存期間もそんなに長くはないはずです。

一方、小冊子の場合を考えてみましょう。

「小冊子の寿命ってどれくらいですか？」

「1回に印刷するのは、何年間分くらいがいいでしょうか？」

こうした質問を受けたとき、私はだいたい3年を目安に考えていただきたいとお答えしています。

業種や地域によってもその寿命は異なります。会社によって、事業計画に応じたいろいろな考えもあるでしょう。細かいことを申し上げれば、印刷した小冊子の保存状態によっても活用できる年数は異なります。

一概に決めつけることはできませんが、基本的に小冊子は3年分を目安に印刷製本することをおすすめしています。そしてその間は、手持ちの部数がなくなるまで、ずっと使いまわすことができます。

いずれ年数がたち、初回に印刷・製本した小冊子をすべて配布し終え、新たにつくり直すときにも、すべての内容を見直してイチから書き直さなければならないかというと、決してそんなことはありません。あらすじはそのままに、一部追加したいところ、内容が現状と一致しなくなった部分だけを修正して、増刷します。

つまり、いったん作成した小冊子は、長い期間にわたって活用できるのです。

さらに言えば、「どんな内容で作成しようか？」と頭を悩ませるのも、最初の一度だけ。印刷・製本にかかるコストも3年に一度でいいのです。

長い目で見たときの費用対効果は、他の紙媒体のツールのなかでも、かなり高いと言えるでしょう。

コストパフォーマンス その②
顧客獲得コストを下げられる

もうひとつ、別の視点から考えてみましょう。

お客様を集めるには、コストがかかります。そのコストのなかでも、特に見込み客を集めるためにかかるコストは、より膨大だと言われています。

その点、小冊子は低予算で、あなたの会社の商品・サービスに興味を抱いているお客様

（優良見込み客）を集めることができるツールです。

先ほどから申し上げているとおり、小冊子では、読んで役立つ情報や、知っておくと損のない必要な話を書きます。商品・サービスを購入しようかどうか真剣に悩んでいる人は、常に役立つ情報を探していますから、お客様のほうから、

「あなたの会社の小冊子が読みたい！」

と、手をあげてくれるのです。そして、この手をあげてくれる人たちは、あなたの会社にとっての優良見込み客であると言えます。

ひとつ覚えておいていただきたいのですが、ツーステップ販売を行なう際の注意点として、見込み客を集めるために無料、もしくは低価格で商品を提供する場合、その提供する商品によっては、単なるプレゼントマニアが集まってしまう可能性があることです。

家を売りたいのに北海道旅行をプレゼントする、電化製品を売りたいのに高級食材をプレゼントするなどがその例です。プレゼントを否定しているわけではありませんが、成約する見込みの低い人たちばかりが集まってしまっては、どれだけ顧客リストの数を増やしたところで、成果はあがりません。最初に提供する商品は非常に大切だということです。

数を集めることに必死になるよりも、質の高いお客様だけを集めるほうが、成約にいたるまでの過程は、ずっと効率的です。

小冊子はその「質の高いお客様（成約する見込みの高いお客様）」を効率的に集めるための、最適なツールなのです。

5

マーケティングツールとしての効果

口コミ発生源となり、紹介によるお客様が増える！

「小冊子をマーケティングの勉強会で配布したいから、30冊購入させてください」（M様　マーケティングコンサルタント）

「全国の販売代理店に配布したいから、100冊購入させてください」（Y様　保険会社）

「小冊子を部下に読むように渡したら、部下がまた別の部下に渡してしまい、手持ち分

がなくなってしまいました。もう一度購入しますので、送ってください」（K様　セールスコンサルタント）

これらの声が私のもとに届いたとき、

「小冊子の口コミ効果は大きいと聞いていたけれど、本当なんだなぁ」

あらためて、そう実感したものです。

小冊子はお客様との信頼関係を築く上で大きな役割を果たしますが、さらに驚くのは、その口コミ効果です。

通常のパンフレットのような会社案内と比べてみてください。4色カラー刷りの立派な会社案内。そこに書かれているのは美しい言葉を並べたキャッチコピー、そしてスタイリッシュな写真。なかには、社長の訓示のようなメッセージが掲載されている会社案内も見受けられます。これを受け取ったとき、あなたならどんなふうに感じるでしょう。

感動して、身近にいる人に「読んでみて！」とすすめたりするでしょうか。

おそらく、感動はしないでしょう。友人にすすめるどころか、あなた自身が読むかどうかさえわからないのではないでしょうか。

もっとも、小冊子であっても、内容がつまらない、読みにくい、当たり前のことばかりで、人間味が伝わってこない、心に響かない……。そうした内容で作成されたものであれば、効果は期待できません。

そのような小冊子から口コミが発生することはまず考えられませんし、むしろ悪い印象が広がるリスクのほうが高いでしょう。

一方で、読みやすく、伝えたいことがしっかりと伝わる小冊子であれば、それは必ず読み手の心に響き、印象に残ります。印象に残れば、何かのタイミングでふと思い出してもらえたり、きっかけ次第で日常生活の話題にのぼる可能性もあります。

それが口コミ効果なのです。

これはお客様が女性であるケースを想像すると、わかりやすいと思います。

たとえば主婦であれば、家族と会話するときはもちろんのこと、友だちとのランチタイムで話してくれるかもしれません。ＰＴＡの集まりやフィットネスクラブで話題にしてくれるかもしれません。すると、その話を聞いたお友だちは、自分の子どもが通う学習塾のお母さん仲間におしゃべりしてくれるかもしれません。

いつなんどき、どういうルートをたどるのかはわかりません。**ただひとつ明らかなのは、小冊子を配布し始めると、それこそ、どこからか「降って湧いたように」ご紹介のお客様があらわれるということです。**

実際に、私のもとにも

「お客様から、『両親にも読ませたいので、もう一冊送ってほしい』と頼まれた」

「小冊子を読んだお客様が別のお客様を紹介してくれた」

などのお声がたくさん届いています。

6

マーケティングツールとしての効果

プレスリリースのネタとして発信し、会社の信用力を高める

「新聞3紙、テレビ1局に小冊子を取りあげてもらい、約50件の問い合わせがありまし

た」(H様 住宅会社)

「月に100万部発行の地元フリーペーパーの記者に小冊子を読んでもらったら、3回にわたる記事連載が決まりました」(I様 住宅会社)

プレスリリースとはテレビや新聞、雑誌、フリーペーパー、ウェブニュースなどのマスメディアに、無料で記事として取りあげてもらうために情報を発信することを言います。

小冊子を作成したときは、このプレスリリースを実行する大きなチャンスです。

「読者の方に役立つ小冊子を無料で配布しています!」

こうした内容でプレスリリース用原稿を作成し、マスコミ各社に送信すると、各媒体で取りあげてもらいやすい傾向があります。マスコミは、自分たちの媒体で紹介する価値があると思える情報を紹介します。小冊子では、業界のプロが一般の方に向けてその業界特有の裏事情や賢い購買方法を公開するのですから、マスコミの立場からすると、記事として取りあげやすい素材であると言えます。

記事の掲載は経営の起爆剤になるものです。必ずしも取りあげてもらえるかどうかはわかりませんが、マスコミ各社にＦＡＸやメールをしたところで、かかるコストはほんの数十円です。であれば、リリースを試さない手はないでしょう。

プレスリリースについての専門書はいくつか出版されていますから、詳しい手順や原稿の作成例などはそれらの専門書に譲りますが、ひと言でプレスリリースと言っても、狙うメディア（新聞、雑誌、タウン情報誌、フリーペーパー、行政の広報誌などの特性や読者層）によってとるべき戦略は異なります。たとえば全国放送のテレビ番組を狙うのと、地域密着型のミニコミ誌を狙うのとでは、その方法はまったく異なります。

地域密着型の住宅会社が、

「小冊子を作りました！　無料で配布しています！」

そう全国放送のテレビ番組に向けてリリースしたところで、取りあげてもらえる確率は皆無に等しいですが、その地域の新聞、地元のコミュニティ情報誌、あるいは業界専門誌などであれば、無料小冊子は格好のニュースになります。

「当社は地元のみなさまのために、住宅の正しい耐震補強方法について、随時、役立つ情報を発信しています。御社の情報誌の読者様にも、必ず喜んでいただける情報です」

決まった形式にのっとって、このようにプレスリリース文書を作成すると、運とタイミング次第とは言え（業種や地域が大きな要因になりますので）、ヒットする可能性は決して低くありません。

いったんマスコミで記事になれば、無料でたくさんの小冊子請求者の情報（優良見込み客リスト）が集められるのです。小冊子を作成したらプレスリリース実行のチャンスです。

ちなみに、掲載された記事は、ウェブサイトやニュースレター、チラシなどで「○○新聞で当社の小冊子が紹介されました！」とアピールすることができます。こうした記事は会社の信用力を高めるためにも、とても有効です。

7

マーケティングツールとしての効果

相談会や見学会、セミナーの集客に利用できる！

業種によって、また経営者の考えなどによって状況は異なりますが、小冊子は相談会や見学会、セミナーの集客に役立てることができます。

具体的には、それらのイベントの参加者特典として、「小冊子無料プレゼント！」とお知らせするのです。内容によっては、小冊子の中身を当日の教材として利用することもできます。

それらのイベントに参加してくださる方々というのは、あなたの会社や商品に少なからず興味を持っている方々、つまり優良見込み客のみなさんです。

であれば、小冊子をお渡しすることでさらに強固な信頼関係を築きあげ、成約しやすい状況をつくりあげましょう。

イベントやセミナー中では時間が足りず、お話しできない部分もあるでしょう。また、参加者であるお客様がイベント終了後に内容を復習したいと思ったとき、小冊子があれば、それに目を通していただくことでさらに理解を深め、書き手であるあなたにもっと親近感を抱いていただくこともできます。

これは各種コンサルタントや士業の方にとって、特に有効な活用法です。

なお、住宅販売業やリフォーム業、不動産売買仲介業のように、一般消費者向けの商品・サービスを販売しているのであれば、同じように「家づくり勉強会」「住宅ローン勉強会」「土地活用の勉強会」などといったイベントを開催される際に、来場者特典としてプレゼントするのもよいでしょう。

たとえば住宅会社の場合、本気で家づくりを検討中のお客様は、週末を利用して複数の会社をまわられます。そのなかで「それでは、いったいどこの会社に依頼しようか」と決めかねているお客様に、小冊子をお読みいただくことで、あなたの会社に対してさらに興味や関心を抱くよいきっかけになります。

言い換えれば、小冊子によって、迷っているお客様の背中を押してさしあげることができるのです。

これは、ライバル他社との圧倒的な差別化につながります。

次に、小冊子のマネジメントツールとしての効果をお話しましょう。

8

マネジメントツールとしての効果

頭のなかをすっきりと整理でき、迷わなくなる！

「小冊子を作成していちばんよかったことは、自分を見つめることができたことです。これから先、もし迷うことがあったとしても、小冊子を読み返せば大丈夫。心の支えにしています」（W様　リフォーム業）

「小冊子の作成は、人間の基本となる信念を作成するのに通じると思います。ホームページの作成、社員採用、社員教育などいろいろなことに役立ちました」（T様　住宅販売業）

「自分自身の考え方や仕事に対する気持ちが明確になり、自信まで持てたような気がします。お客様だけでなく、自分にも成果があらわれる小冊子の効果は絶大でした」（H様　リフォーム業）

小冊子を作成する際には、ご自身の内面をよくよく見つめ、自身の「核」となるもの、「軸」

となるものを見つけ出さなければなりません。でなければ、そもそもよい結果につながる小冊子はつくれないからです。

あなたは小冊子の作成をとおして、自分自身の心と向き合うことになります。なぜその仕事を始めたのか、その仕事をとおしてお客様にどうなっていただきたいのか、それらの答えをしっかりと導き出します。その過程では、ウンウンうなりながら考えなければならないことや、長い時間をかけて答えを見つけなければならないこともあるでしょう。

だからこそ、小冊子が完成したあかつきには、心の迷いがなくなり、事業を営むにあたっての「ブレない軸」ができあがるのです。

もしもこの先、人生のなかで思い悩んでしまうような場面に出くわしても、小冊子を読み返すことで、自身の根底の部分を振り返ることができます。悩むときも、迷うときも、自分の根っこの部分を見つめ直す機会があれば、きっとその悩みから抜け出せるきっかけがつかめるでしょう。

私はこれまで3年間で、のべ100社近くの中小企業の小冊子作成のお手伝いをしてきましたが、この間、いちばん多く聞こえてきた声が、「小冊子を作成したことで、自分の頭のなかをすっきりと整理することができた」というものです。

日々さまざまな情報が、目のなか、耳のなかに飛び込んでくる現代、社長が一つひとつの局面で自信をもって決断できること以上に、力強いと感じることがあるでしょうか。

小冊子を作成するにあたり、ご自身の内面と真摯に向かい合うことで、「なぜその商売を始めたのか」「その商売を通じてお客様にどうなっていただきたいのか」などの、「核」となる想いが明確になります。

頭のなかをすっきりと整理し、想いを明らかにすることで、自分らしさに気づき、迷いのない日々を送ることができるようになるのです。

9

マネジメントツールとしての効果

社長を尊敬し、チームワークのよい組織になる！

「身近にいるから普段はあまり気づかないけれど、社長ってやっぱりすごい人なんだな、

あらためて尊敬できる人だと思いました」（K様　リフォーム会社社員）

「小冊子を読んだことで、夫の職場はこういうところなんだとわかりました。日ごろ夫は家で仕事の話をしないので、よい機会でした」（I様　不動産会社社長の奥様）

小冊子を作成したら、それは社員や契約社員、アルバイトのみなさんにも読んでいただきます。

すると、社内ではどんなことが起きるのでしょうか。

社長のもと、会社がひとつにまとまります。スタッフがあなたの想いに共感し、あらためて尊敬するようになり、チームワークが格段によくなるのです。

経営者であるあなたは、日ごろのスタッフとのかかわり合いのなかで、自身の想いをその都度聞かせていることと思います。朝礼や会議のとき、お酒の席で、自分がいまの仕事を始めたきっかけやこれまでに経験してきた出来事、乗り越えてきた壁やお客様とのなつかしい思い出など、ことあるごとに話をされていると思います。

しかし、実際はどうでしょうか。

その場には、話を聞いてほしい人は、全員が居合わせていますか。打ち合わせに出かけていたり、体調が悪くて休んでいたり、いつも全員が揃うことは少ないのではないでしょうか。その場に居合わせていたとしても、たまたま他のことで頭のなかがいっぱいで、しっかり話を聞いていないかもしれません。

そんな場合でも、スタッフに小冊子を読んでもらうことで、あなたの想いをしっかりと伝えられるようになります。

また、スタッフの家族についても同様です。

性格や家庭環境はそれぞれで異なりますから、仕事のことは家族に何でも話すという人もいれば、ほとんど何も話さないという人もいるでしょう。家庭で夫の帰りを待つ妻の立場からすれば、パートナーである夫がどのような職場で、どんな社長の下で、どんなふうに働いているのか、多かれ少なかれ興味を持っています。

小冊子を読むことでそれが明らかになり、これまで以上に家族のサポートが得られるようになるとしたら、それは本当にすばらしいことだと思います。

組織や家族の絆を深めるだけではありません。さらなる効果として、小冊子を読んだスタッフの家族は、何かの機会に、どこかで誰かにその小冊子のこと話すことがあるかもしれないのです。実際のところ、口コミは身内から発生すると言われています。

小冊子を配布することで組織が固まり、あなたの知らないうちに、会社の評判が口コミで広がる可能性まで高まるのです。

10

マネジメントツールとしての効果

取引先・協力会社に配り、これまで以上に協力してもらう

社員、その家族とくれば、次は協力会社、そして取引先です。

小冊子を作成したら、会社に関係のあるすべての方に、なるべく早い段階で配布して、読んでもらいましょう。

日ごろ、協力会社や取引先の方とは事務レベルの話ばかりで、「気持ち」レベルの話までする機会は、なかなかないと思います。しかし、仕事をする上では、単なる事務レベルのや

りとりだけではカバーできない問題も出てくるでしょう。ちょっとしたトラブルが起きたとき、クレームが発生したとき、そのトラブルやクレームを解決するもとになるのは、両者に共通する「想い」です。いい仕事をしてお客様に心から喜んでいただきたいという「想い」。そうした「想い」を共有することで、単なる取引先が大切なパートナーとなり、協力会社に対しても、より成熟した関係を築くことにつながります。

私の場合も同様です。

当社は小冊子の印刷を東京の老舗印刷会社に委託していますが、印刷会社の担当者に当社の小冊子をお読みいただくことで、当社がクライアントに対してどういう気持ちで接しているのか、そのためにどういう気持ちで印刷してほしいのか、技術面だけでなくサービス面においても、どういったことを期待しているのか、小冊子のなかから感じとってもらうようにしています。

11

マネジメントツールとしての効果

入社志願者に配り、共感し合える人材を得る！

「入社希望者に事前に小冊子を読んでもらうことで、採用の際の面接が楽になりました。面接に来る人は、みんな私の想いをわかっているので、話が早いです」（T様　住宅会社）

「面接で断ったとしても、相手に嫌な感情が残りません。地域密着型の商売をしているため、悪い噂ほど怖いものはありません。小冊子を読んでもらうことは、会社を守るためにも、とても大切だと思います」（W様　リフォーム業）

「小冊子は採用に使えるね！」

これは私がよく耳にする声です。この言葉のとおり、小冊子の隠れた利用法として効果的なのが、採用の際に事前に入社志願者に読んでもらうことです。

これにより、会社の特徴や社長の人柄、仕事に込める想いなどをしっかりと伝えることができます。

実際に会って面接する前に、志願者はすでに会社のことをよく知り、あなたに共感してくれているので、初対面でも、お互いがすぐに本音で話せるようになります。当然のことながら、あなたの会社に対して強く興味を持ち、意識の高い、会社のファンとも言えるような人たちが志願してくれます。

採用ですから、ご縁がなくお断りする場合もあるでしょう。そんなときでも、社長の想いに共感してくれていれば、「恨み」などのマイナスの感情にはつながりにくいはずです。よい意味での「あきらめ」、また、たとえ時間がかかるとしても、いずれ何か別の機会に、別のかたちで、再び縁が巡り巡ってくるかもしれません。

入社志望者だけではありません。小冊子は志望者の親御さんやご兄弟、場合によっては学校の先生の手にも渡ります。就職先を探すということは、志望者にとっては人生を左右する大きな節目になります。そんなときだからこそ、周りの人に相談したり、アドバイスを求めることもあるでしょう。

小冊子は、こんな場合でも、効果を発揮してくれるのです。

3章

想いの伝わる小冊子をつくるための基本事項

1 基本をしっかりとマスターし、オリジナリティも大切にする

それではいよいよ、想いを伝える小冊子のつくり方をお話ししましょう。

最初にお断りしておきますが、ここでお話しする小冊子のつくり方は、あくまでも基本的なことを記述しています。この方法にすべてを当てはめて考える必要はありません。実際、当社では、この基本に沿わない形式で作成することも少なくありません。ただし、基本が習得されていなければ、応用もききませんから、ここではあえて、もっともベーシックな小冊子のつくり方をご紹介します。

基本をマスターしたら、「その人らしさ」「その会社らしさ」を大切にした小冊子をつくってください。

たとえば、お客様からよく寄せられる質問事項を集めて、Q＆A形式の小冊子を作成したり、これまでの事例を集めてポイントになる箇所にコメントをつけて事例集としての小冊子を作成したり、お客様が商品を購入する前と購入した後の変化を楽しめるような、ビフォー・

アフターの小冊子を作成したり、考えられる小冊子のバリエーションはたくさんあります。

その際、力強くグイグイまわりをリードするタイプの経営者がつくる小冊子であれば、「わかりやすさ」を基本に、「スピード」「革新」「燃える心」「正直」「ポジティブ」などのキーワードが連想されるような仕上がりを心がけるのが望ましいでしょう。

またチームワークを大切に和気藹々としたムードの会社がつくる小冊子であれば、楽しさやなごやかさ、アットホームな雰囲気が伝わるようにイラストを多用したり、人をたくさん登場させて、親しみやすさをアピールするように心がけるとよいと思います。

むずかしく考える必要はありません。ここで記す基本事項を参考にして、自由自在にアレンジし、あなたらしい小冊子を完成させてください。

なお、本文中に事例として掲載している2冊の小冊子原稿は、ＰＤＦファイルで無料ダウンロードできます。詳しくは巻末ページのご案内をお読みください。

2 レイアウトを工夫して“読ませる”小冊子に仕上げる

まず知っていただきたいのは、レイアウトの重要性です。

小冊子はもちろん、広告ツールにおいては、レイアウトがとても重要になります。なかには文章の書き方ばかりに気をとられる方もいますが、どんなに文章がすばらしくても、読みにくいレイアウトでつくられた小冊子は、最後まで読むどころか、手にとってもらうことさえ困難です。

なんとなく読みづらい、目に負担がかかる、途中であきてしまう、最後まで読み通すことができない――それらの理由は、決して文章力によるものだけではありません。

「何を語るか」「どう書くか」といったことも大切ですが、まずは、レイアウトで読みやすくなるよう配慮してください。

小冊子を作成する際、たいていの方はパソコンのワープロソフト、なかでもマイクロソフトワードを使う方がほとんどではないでしょうか。ワードは文章を書くのに非常に便利なソフトです。読みやすいようにしっかり考えて書式設定すれば、印刷会社にそのまま完全データとして入稿できます。

完全データとは、印刷会社が特に手を加えずに印刷できる状態のことを指します。完全データを前提として印刷会社に発注すると、レイアウト調整などの手間が省けるため、印刷代金が若干安くなるケースがあります。

作成するときには、次のことに気をつけましょう。

レイアウトの基本　その①
縦書きVS.横書き

小冊子は縦書きでレイアウトするのをおすすめします。なぜなら、縦書きのほうが、一般の書籍に近い印象を与えられるからです。

現在出版されている本の大部分は縦書きです。日本語は、左から右に読む数字やアルファベットと違い、上から下に読むのが普通です。

特に一般消費者、なかでもご年配の方が読者ターゲットになる場合、縦書きのほうが目に

第１章　社長さんの悩みは深い

「契約をとりたい！　でも、お客様から信頼していただけない！」
そんなあなたの悩みは海のように深いでしょう。

なんとかして解決策を探ってはみるものの、どこまでも深い闇に包まれて、先がちっとも見えません。

どうにもこうにも対策がわからず、途方にくれている方もたくさんいらっしゃることと思います。

ここで、世の中の社長さんが抱えるお悩みを、いくつか一緒に想像してみましょう。

社長さんの苦悩①　誠実な仕事をしていれば、それでいい？

「ウチの会社の商品（サービス）は他社よりもずっといい！」

- 9 -

●MicrosoftWordを使って、1ページ（A5サイズ）に17行の行数でつくった例

「誠実な仕事をしているのだから、お客様は絶対にわかってくれるはずだ！」

そう心から断言できるあなたはすばらしいと思います。
これまでも、本当にいろいろ努力なさってきたのですね。

でも、実際のところはいかがでしょうか。
誠実な仕事をしているからといって、それでお客様の心をつかめるかといえば、話はそれほどシンプルではないでしょう。

「社員みんなで力を合わせてがんばっている」
「これだけお客様のために尽くしているのだから、他社に乗りかえられるなんてありえない」

そう信じたいお気持ちはよくわかります。
でも、現実は決してそううまくはいかないようです。
これだけ情報が氾濫している今の世の中。お客様にしてみれば、

- 10 -

負担をかけない、読みやすい印象を与えます。

本文のなかに、計算式や図表・写真をたくさん掲載する必要がある場合は、横書きを検討してもよいと思います。

レイアウトの基本　その②
明朝体VS.ゴシック体

フォントは明朝体とゴシック体、どちらがよいのでしょうか。

小冊子では明朝体にしましょう。その理由は、縦書きと同じく、明朝体のほうが一般の本に近い印象を与えられるからです。

明朝体と比較すると、ゴシック体はそもそも「見せる」ことを得意とするフォントです。ゴシック体は見た目にくっきりと、楽しい印象を与える一方で、文字に抑揚がないため、長く読んでいると、目が疲れやすいというデメリットがあります。

ある程度の文字数があって、丁寧にじっくり読ませたい文章では明朝体を、もっと軽く、全体をサクサクと読ませたい文章ではゴシック体を、といった具合に用途によって使い分けると

HGP創英角ゴシックUB

主に見出しで使用する

MS明朝

主に本文で使用する

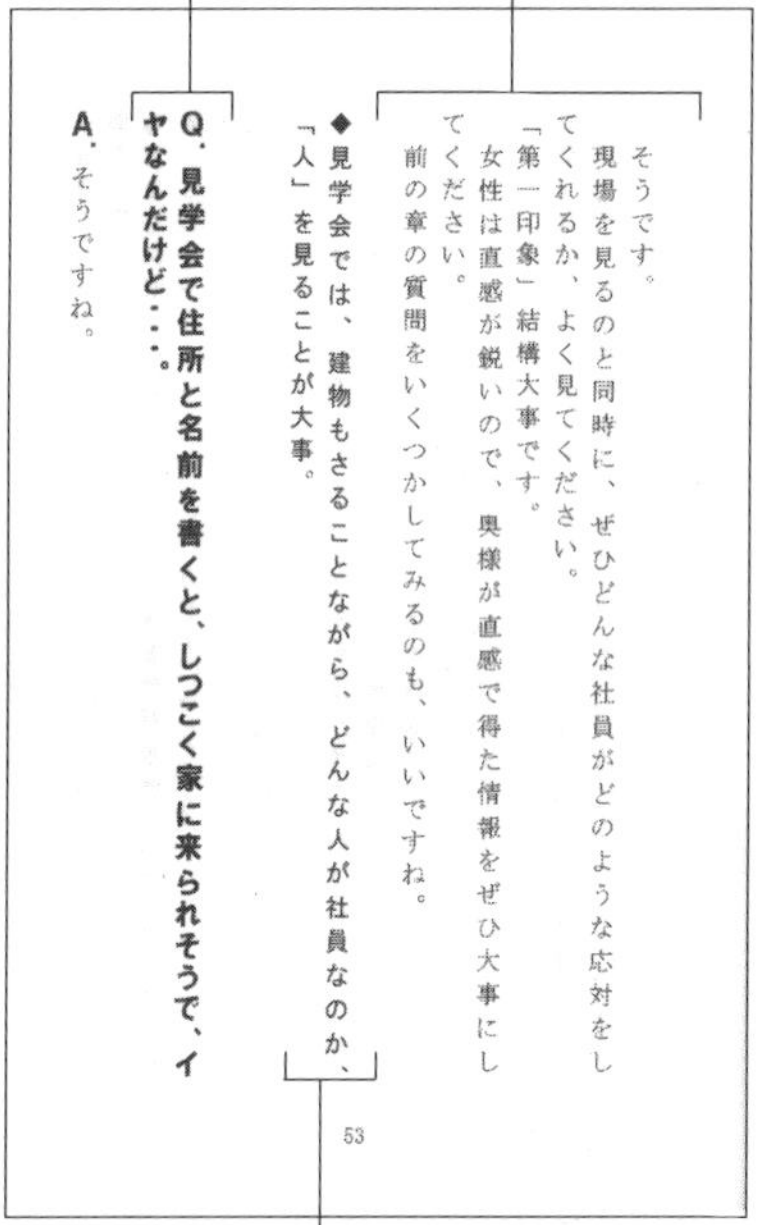

そうです。

現場を見るのと同時に、ぜひどんな社員がどのような応対をしてくれるか、よく見てください。

「第一印象」結構大事です。

女性は直感が鋭いので、奥様が直感で得た情報をぜひ大事にしてください。

前の章の質問をいくつかしてみるのも、いいですね。

◆見学会では、建物もさることながら、どんな人が社員なのか、「人」を見ることが大事。

Q．見学会で住所と名前を書くと、しつこく家に来られそうで、イヤなんだけど・・・。

A．そうですね。

53

MSゴシック

本文でメリハリをつけたい箇所や、小見出しなどに使用する

●見出しと本文で使用するフォントを変えると、メリハリがつき、読みやすく感じられます

よいでしょう。

ちなみに、文字を強調する場合には、太さの違うゴシック体を使うと効果的です。フォントを決める際には、パソコンの画面上だけでなく、プリントアウトして実際に紙の状態で確認しましょう。画面と紙では、目に映る印象がずいぶん異なります。特に明朝体の太字は画面上ではくっきり見えますが、プリントアウトするとそれほど強調されていないことに気づくと思います。

レイアウトの基本　その③
文字数・文字サイズ・行数を調整する

1行あたりの文字数は34文字前後、フォントサイズ（文字の大きさ）は12ポイント、上下左右の余白はそれぞれ30㎜、25㎜。また1ページあたりの行数は16～18行が適切です。好みに応じてアレンジしますが、この数値をひとつの参考にしてください。

また、好みだけでなく、読者ターゲットを絞り、それに合わせて考えてみることも大切です。たとえば、ご年配の方に向けて作成するのであれば、1行あたりの文字数はもっと少なくするほうがよいでしょう。日ごろからビジネス書などを読み慣れているビジネスマンや経営者層が読者ターゲットであれば、文字サイズを少し小さくして、1行あたり40字くらいまで増やしてみるのもひとつの方法です。

原稿を少し書いた段階で、ワープロソフトの「書式設定画面」の設定を調整し、最適な書式を見つけてください（次ページ参照）。このとき、先ほどと同様、パソコンの画面上で確認するのではなく、必ずプリントアウトして確認するのがポイントです。

レイアウトの基本　その④
一文を短くし、段落をつけて、余白をとる

文章は一文をなるべく短くします。ひとつの文章で主語を2つ以上入れると、どうしても読みにくくなるためです。また、主語と述語が必ず連動していることも大切です。

さらに、小冊子では目に負担を与えないために、こまめに改行したり、数行ごとに段落をつけて、あえてたっぷり余白をとるように心がけましょう。

段落をつければ、紙面の下のほうには文字が少なくなり、白いスペースが増えます。その

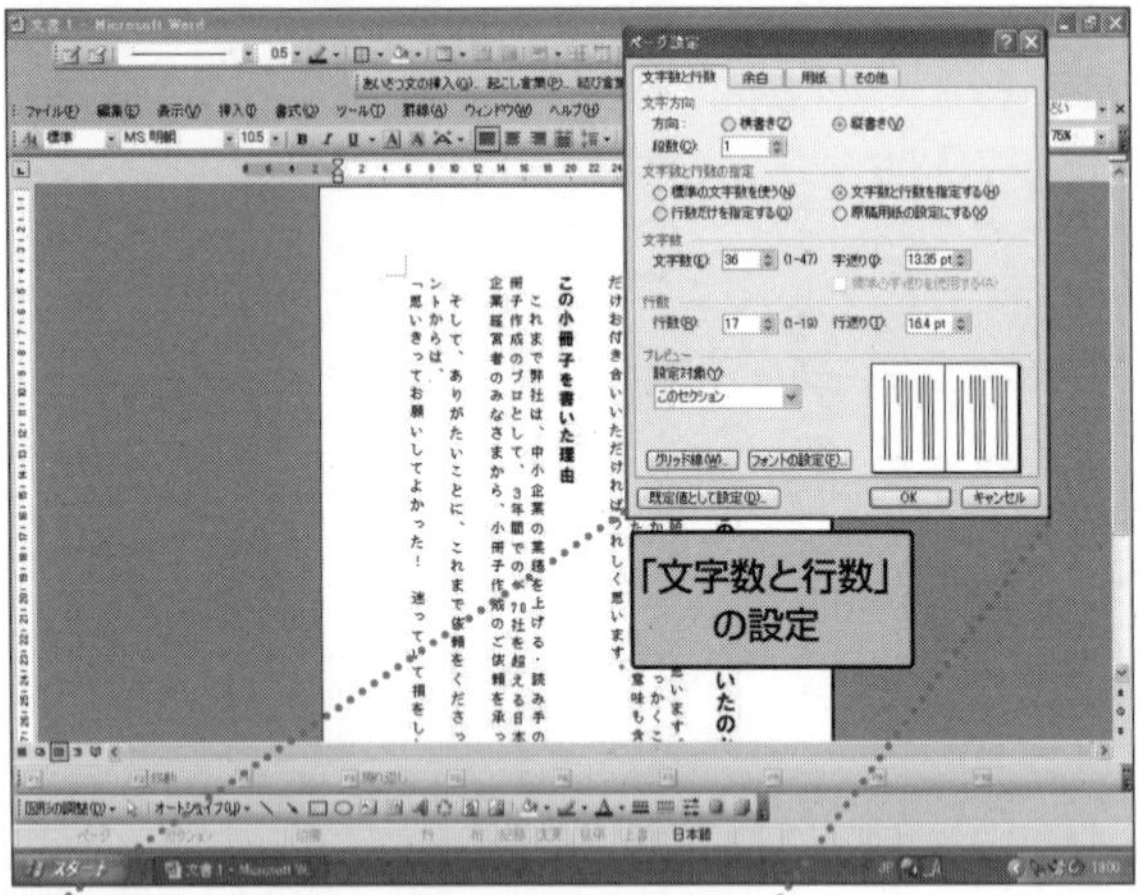

「ファイル」バーから「ページ設定」を選択すると、左の「ページ設定画面がWord上に表示される。縦書き・横書きの設定や、文字数・行数の設定もここで行なえる

●MicrosoftWordでの書式設定の例

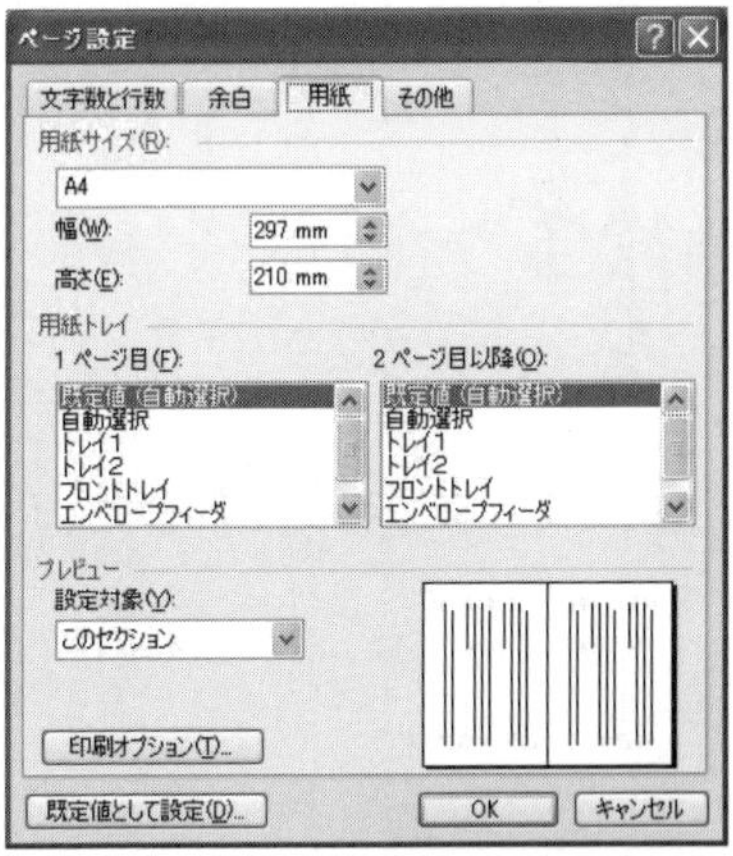

「用紙」の設定

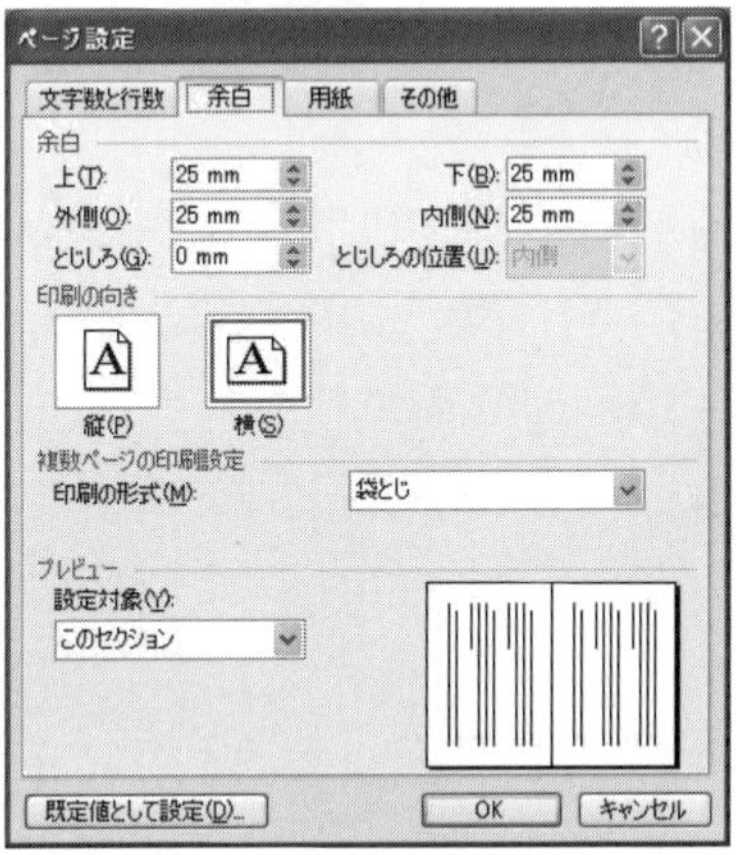

「余白」の設定

タブを切りかえると「余白」や「用紙」の設定も行なえる

分、行間隔が広がって見えます。

こうすると、少し余白がありすぎると感じられるかもしれませんが、本を読み慣れていなかったり、目が疲れやすい年齢層の方に向けて作成する小冊子であれば、こうした調整は絶対に必要です。

一文を短くし、こまめに改行し5～6行おきに段落をつけましょう。そしてたっぷり余白をとり、目にストレスを与えないようにレイアウトします。

レイアウトの基本　その⑤
イラストを入れる

小冊子にはところどころにイラストを入れましょう。これはとても大切なポイントです。イラストを入れると、次のような効果が期待できます。

- **ページが華やかになるため、見ていて楽しい**
- **全体の雰囲気がやわらかく、やさしくなり、親しみやすくなる**
- **笑いを誘ったり、ほのぼのした印象を与えられる**

●イラストを挿入すると、親しみがわきやすい

・文章では説明しにくい点をイラストで補える
・読み終わった後も印象に残りやすい
・たとえ文章であきてしまっても、イラストで楽しんでもらえれば、イラストをさがしながら、最後のページまでめくってもらえる

どれもすばらしい効果です。

ではいったい、どのようなタッチのイラストを、何点くらい入れればよいのでしょうか。タッチにこだわるならば、プロのイラストレーターに依頼すればよいでしょう。点数は、一般に本文が60ページの場合、3~8点で十分です。一般的には、一点3000~5000円で描いてもらうことができます。

費用を抑えるならば、インターネットを利用して、無料のイラストをさがすという方法もあります。検索キーワードで「イラスト　フリー素材」などと入力すれば、簡単に見つかります。社内にイラストを描くのが得意なスタッフがいれば、協力してもらうのもよいでしょう。マイクロソフトワードには、無料で何点かのクリップアートがついていますから、このなかから好みのものをさがして利用するといった方法もあります。

イラストは、必ずしも本文の内容と一致していなくてもかまいません。費用をかけられない場合は、前述したこれらの方法で、できるだけやわらかい、やさしい印象を与えるものをさがし出してください。

イラストの有無で、小冊子の雰囲気は大きく変わります。特に、一般家庭の主婦が読み手となる場合、イラストは大きな意味を持ちます。誰からも好かれる好感度の高いイラストを入れることで、お客様との距離をよりいっそう縮めることができるのです。

レイアウトの基本 その⑥
印刷・製本を考える

小冊子を作成するときには、どのような仕様で印刷・製本するかを考えなければなりません。「印刷会社に依頼して、専門の機械で印刷・製本する」か「会社のプリンターから出力して、市販の製本キットを使って自社で製本する」かの2つの選択肢があります。

基本的には、コストがかかっても、印刷会社による印刷・製本をおすすめします。そのほうが、「本」としての印象が強まり、お客様にお渡しするときの価値・もらったときのありがたみが増すからです。読み終わった後も本棚に保存されますし、しっかりとした会社であるという印象につながり、「本を出版している社長」として権威も増します。

印刷会社に依頼する場合でも、必ずしもスタイリッシュに印刷する必要はありません。むしろ、できるだけローコストで、親しみや味わいを感じさせる仕上がりになるよう工夫するべきです。決して「格好悪くてもかまわない」「手を抜いてもいい」と言っているわけではありません。ある程度の見栄えのよさ、しっかりとした印象、誠実さや清潔感、紙・インクの質はよいに越したことはありませんが、小冊子はあなたの想いをしっかりと伝えることで読み手との信頼関係を築くことを目的にしたツールです。見栄えのよさを追求するよりも、費用対効果をしっかりと考えて、読みやすさ・見やすさを心がけてください。コストの範囲内で、最大限に好感度の高い仕上がりを目指せばよいのです。

レイアウトの基本　その⑦
表紙レイアウトを工夫する

表紙は小冊子の顔です。読み手に与える第一印象は、顔である表紙で決まります。パッと

●小冊子の顔である表紙は、内容に合わせてデザインしましょう。コストに応じて、4色カラー印刷にするか、2色・1色にするか考えましょう

※ここであげた小冊子の表紙実例は、すべてカラー（4色、2色）でつくられています

目にした瞬間、なんとなく雰囲気が悪かったり、つまらなそうな印象を与えてしまっては、せっかく時間を費やして書いた文章も読んではもらえません。

かと言って、コストをかけて立派に仕上げればよいかというものでもなく、必ずしも4色カラー印刷で華やかに見せる必要もありません。内容に合わせて、できるだけコストをかけずに「なんか、センスいいね」「読んでみたい！」「かわいい！」「素敵！」と思われる表紙レイアウトを心がけましょう。

表紙レイアウトは、多くの場合、印刷会社に在籍するデザイナーがデザインしてくれます。社内にデザインの得意なスタッフがいれば、そのスタッフに頼むのもよいでしょう。

ウェブサイトや名刺、看板、店舗の外観等とイメージを合わせてデザイン案を考えてみると、しっくりくると思います。会社のロゴマークやキャラクターがあれば、もちろん掲載します。

何もない場合でも、まずメインになる色を決定し、「さわやかな感じ」「清潔感がある」「信頼できる」「実績がある」「自信がある」「やわらかい」「女性らしい」「若々しい」「元気がいい」「安定している」「成長している」「アットホーム」「親しみやすい」などといった会社のキーワードになる言葉をデザイナーに伝えると、仕上がりのイメージが極端に外れることはなくなります。

イラストを入れたり、淡い色の紙を選べば、全体がやわらかい仕上がりになります。

何も思い浮かばないからといって、「何でもいい」と伝えるのではなく、できるだけ具体的な色やキーワードを伝え、何点かレイアウト案を作成してもらった上で決定してください。次に、デザインを発注するときの例をあげてみました。ぜひ、参考にしてください。

（例） 地球環境を考えた商品を販売しているので、グリーンを主体に、「落ち着いていて」「安定感があって」「親しみやすい」表紙にしてください。

（例） 健康関係の事業を行なっているので、うすいブルーを基調にして、「若々しく」「さわやかで」「元気がいい」イメージで考えてください。

3 文章の基本をマスターして〝引き込む〟小冊子に仕上げる

レイアウトの基本をマスターしたら、次は文章の基本です。

文章の基本　その①
むずかしい言葉を簡単な言葉に

業界の専門用語や日ごろめったに使わないむずかしい言葉は、できるだけ簡単な言葉にあらためなければなりません。学者が書くような論文調の文章では、読む気がそがれてしまいます。読めない漢字、知らない単語が出てきた瞬間に、読み手はその先を読むのをやめてしまいます。特に、一般消費者が読み手になる小冊子を作成する場合、文章は小学校高学年の児童が読んでもわかるように書くことを心がけましょう。

それは具体的にどんな文章でしょうか。

参考に、小学校高学年生が使っている教科書を見てください。あるいは、その読者層をターゲットにして出版している学習参考書や雑誌を見てください。きっと、とても「読みやすく」「わかりやすく」感じられると思います。

決して「幼稚な文章」という意味ではありません。読んでいる最中に、お客様である読み手に疑問が浮かばないよう、「親切に」書くことが大事なのです。

言葉は星の数ほど存在しますが、日ごろ私たちが口にする言葉は、実はとても限られています。目安として、「友人と会話するときに、話し言葉として使わない言葉」は書かないように気をつけましょう。専門的な言葉ではなく、日常的に使われている言葉だけを用いて、強く正しく伝わるように心がけることで、文章は、格段に読みやすく、わかりやすくなるのです。

文章の基本　その②
語りかけるように書く

文章は「ですます調」で書けばよいのでしょうか。それとも「だ・である調」で書けばよいのでしょうか。

基本的には、「ですます調」をおすすめします。なぜなら、そのほうが読み手に対して語りかける、手紙と同じ印象を与えるからです。

お客様と打ち合わせをする場面を想像してみてください。そのときあなたはお客様に対して「ですます調」で話しかけますか。「だ・である調」で話しかけますか。当然ながら「ですます調」で、できるだけ丁寧な言葉づかいを心がけながら話しているのではないでしょうか。

とは言え、たとえば日ごろからニュースレターやブログ、メールマガジンなどで定期的にお客様に対して情報提供しており、そのなかですでに「だ・である調」が定着しており、突然「ですます調」で書くと、かえって書きづらく、また読み手に対してもいつもと違う印象を与えてしまうという方もいらっしゃるかもしれません。

このように、ご自身の文章スタイルがすでに確立されていれば、そのスタイルを守るほうがよいでしょう。ただし、一般に「ですます調」のほうが、読み手に対して語りかけている印象を強く与えるのは事実です。

また、語りかけるように書くもうひとつのポイントとして、読み手のことを「あなた」「みなさん」という言葉で表現する方法があります。

不思議なことに、この「あなた」「みなさん」という言葉を使うと、読み手は実際に話しかけられているような気持ちになります。また、書き手であるあなたのほうも、自然に読み手のことを思い浮かべることができるようになるのです。

他にも、「……してみてください」「……なことってありますね」「そのとおりです」などと、語尾を「ね」「ください」「お願いします」といった具合に、話し言葉にしてみましょう。

こうすることで、文章から親近感が伝わるようになります。また、書き手であるあなたも、

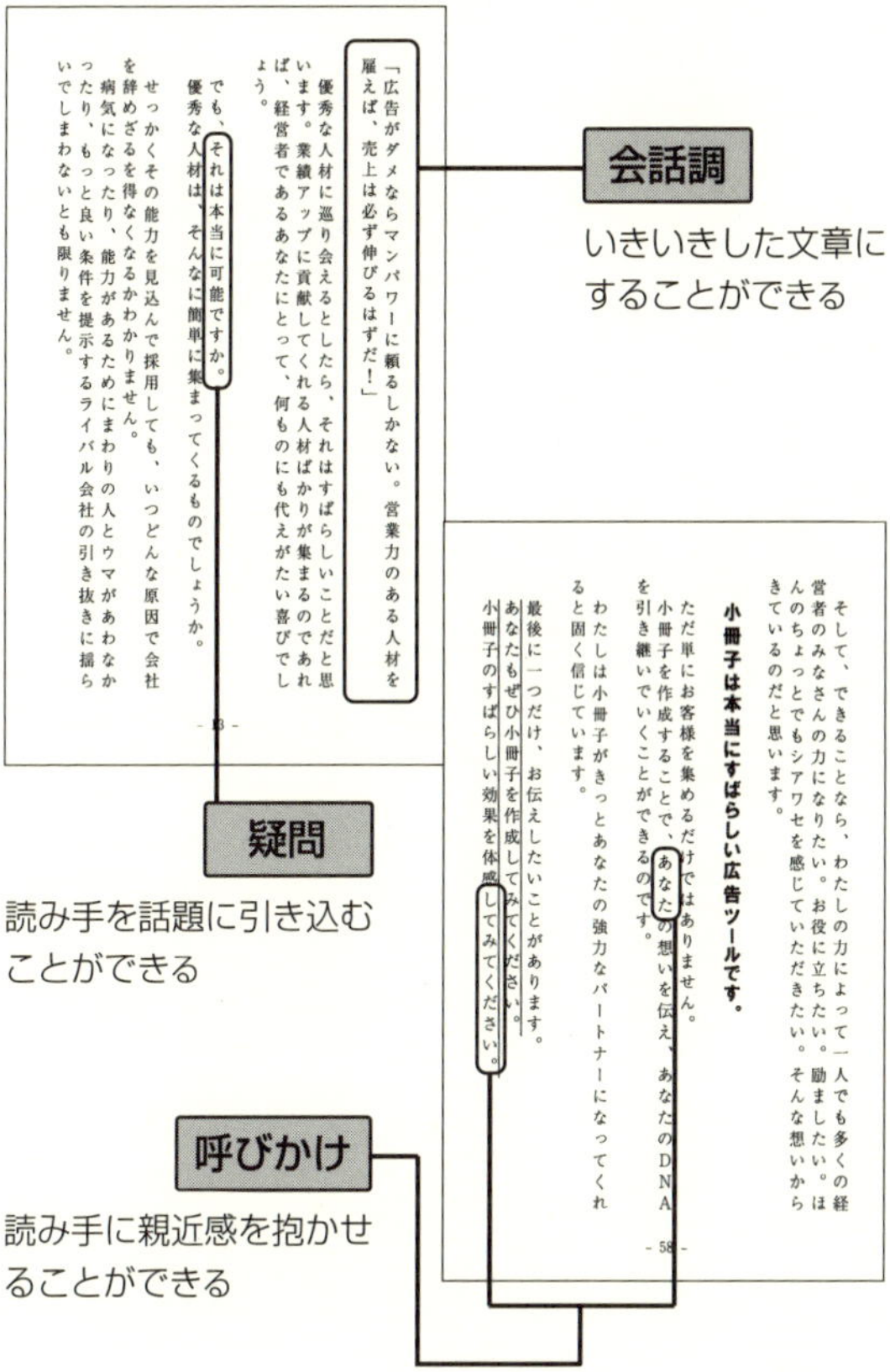
「広告がダメならマンパワーに頼るしかない。営業力のある人材を雇えば、売上は必ず伸びるはずだ！」

優秀な人材に巡り会えるとしたら、それはすばらしいことだと思います。業績アップに貢献してくれる人材ばかりが集まるのであれば、経営者であるあなたにとって、何ものにも代えがたい喜びでしょう。

でも、それは本当に可能ですか。

優秀な人材は、そんなに簡単に集まってくるものでしょうか。

せっかくその能力を見込んで採用しても、いつどんな原因で会社を辞めざるを得なくなるかわかりません。

病気になったり、能力があるためにまわりの人とウマがあわなかったり、もっと良い条件を提示するライバル会社の引き抜きに揺らいでしまわないとも限りません。
- 13 -
会話調
いきいきした文章にすることができる
疑問
読み手を話題に引き込むことができる
そして、できることなら、わたしの力によって一人でも多くの経営者のみなさんの力になりたい。お役に立ちたい。励ましたい。ほんのちょっとでもシアワセを感じていただきたい。そんな想いからきているのだと思います。
小冊子は本当にすばらしい広告ツールです。
ただ単にお客様を集めるだけではありません。
小冊子を作成することで、あなたの想いを伝え、あなたのDNAを引き継いでいくことができるのです。
わたしは小冊子がきっとあなたの強力なパートナーになってくれると固く信じています。
最後に一つだけ、お伝えしたいことがあります。
あなたもぜひ小冊子を作成してみてください。
小冊子のすばらしい効果を体感してみてください。
- 58 -
呼びかけ
読み手に親近感を抱かせることができる

● 「あなた」「……してみてください」という呼びかけ、会話文などを取り入れると、読み手に親近感を抱かせ、気持ちのこもった文章になります

実際にお客様に語りかけているかのように感じ、気持ちのこもった文章がスムーズに書けるようになります。

文章の基本　その③
疑問文・会話文で話に引き込む

文章のなかに「……でしょうか」「……だと思いませんか」といった疑問文と会話文を適宜おり交ぜながら、話し言葉で表現するのもよい方法です。こうすることで、文章から元気のよさや親しみやすさが伝わるようになります。臨場感が生まれ、読み手は話に引き込まれ、スムーズに先を読み進められるようになるのです。

効果的な疑問文・会話文にするために、次の作業を行ないましょう。

まず、文章を校正するときに、実際に声に出して読んでみましょう。音読すると、違和感を覚えるところ、日ごろ使わない表現、耳慣れない表現などが、スムーズに認識できるようになります。次に、これらをできるだけ「耳慣れた、聞きとりやすい」言葉に直します。つまり、疑問文・会話文にあらためるのです。もっとも、疑問文・会話文はそれ自体がもともと気さくな印象を与えるだけに、少しでも違和感を覚える表現があると、かえってぎこちなさが際立ってしまうので注意が必要です。

声に出して読むこと。これはとても大切です。こうした地道な作業を経て、話し言葉をおり交ぜたわかりやすい文章ができあがります。

Column

読みやすい文章の例

読みにくいと感じる文章が持つ特徴のひとつとして、主語と述語が一致していないというパターンがあります。

◆主語と述語が一致していない文章

先日、私が作成した小冊子は、お客様がとてもわかりやすいと言いました。

言いたいことがわからないわけではありませんが、どこかしっくりしないと思いませんか。

この文章は、どれが主語でしょう？

主語らしいものをあげると、「私が」「小冊子は」「お客様が」ですが、文章全体の主語は「小冊子は」になります。述語は「言いました」です。

つまり、主語と述語をつなげてみると、「小冊子は、言いました」。小冊子はしゃべりませんから、この文章の主語と述語は一致していません。

では、主語と述語を一致させ、文章を読みやすくするにはどうすればいいでしょうか。

◆主語と述語を一致させる

先日、私が作成した小冊子は、お客様からとてもわかりやすいと言われました。

こうすると、主語「小冊子は」と述語「言われました」が一致するため、読みやすくなります。また、書かなくても意味が通じる言葉を省くと、文章をもっとスリムにすることができます。この文章で言えば、「私」とは、書き手以外の誰でもありませんから、省いても差し支えありません。

◆書かなくてもわかる言葉は省く

先日、作成した小冊子は、お客様からとてもわかりやすいと言われました。

さらに、一文を短くしてみましょう。

長い文章を書こうとすると、どうしても主語と述語の不一致などといったミスが生じやすくなります。一文を短くし、会話文や疑問文を使うと、文章に躍動感が生まれます。スイスイと先を読み進められる、読みやすい文章になるのです。

◆一文を短くし、会話文を使う

先日、小冊子を作成しました。お客様からは、「とてもわかりやすい！」と言われました。

文章の基本　その④

漢字をひらがなに

少し読みにくいと感じる漢字を、あえてひらがなにあらためることもおすすめします。これは、その漢字が読める・読めないということだけではなく、ひらがなのほうが、見た目の印象で、やさしい・やわらかい雰囲気を伝えることができるからです。

次ページにその一例を記しています。必ずしもこのとおりにしなければならない、ということではありません。好みもあるでしょう。

そのときどきで、いちばんふさわしい表現方法を考えなければならないのはもちろんのこととして、できるだけわかりやすく・読みやすくする上で、ひとつの参考にしてください。

●変換して読みやすくなる言葉の例

[ひらがなに]

全て → すべて
全く → まったく
更に → さらに
……な分 →……なぶん
分かる、判る、解る→わかる
確かに → たしかに
例えば → たとえば
……等 → ……など
友達 → 友だち
出来る → できる
今迄 → いままで
今更 → いまさら
是非 → ぜひ
言う → いう
お陰 → おかげ
一番 → いちばん
全然 → ぜんぜん
何故 → なぜ
無い → ない
有る → ある
薦める(勧める、奨める)
→ すすめる
任せる → まかせる
……な事 →……なこと
皆さん → みなさん
始まる → はじまる
又 → また
その他 → そのほか
御理解 → ご理解
宜しく → よろしく

[カタカナに]

鍵 → カギ
嘘 → ウソ
辛い → ツライ
嫌 → イヤ
きつい → キツイ

4 生活者としての視点を大切に、語りかけるように想いをつづる

次に生活者としての視点について、考えてみましょう。

ここでいう視点とは、モノを売る立場としてではなく、モノを買う立場・使う立場で考えることを指します。生活者とは家庭を守る主婦、つまり女性のことを指します。

一般消費者をターゲットにした小冊子を作成する際には、この女性の目線、生活者としての視点は必ず意識しなければなりません。実際のところ、書き手に生活者としての視点が備わっているかどうかは、小冊子の仕上がりに大きな影響を与えます。

考えてみてください。ビジネスの世界においては、常に結果を出すことが求められます。毎日の売上げに頭を悩ませ、目標を設定し、計画を立て、それを達成し、また新たな目標を設定し、そのための計画を立てる……。こうしたことを繰り返していると、気をつけているつもりでも、どうしても、生活者としての感覚が薄れてしまいがちになります。知らず知らずのうちにキャッチコピーは「攻め」の口調になり、専門用語ばかりの教科書的な文章、事務的な

文章にも違和感を抱かなくなります。

「売りたい！」「売らなければ！」とはやる気持ちをおさえ、純粋に役立つ情報を提供し、想いを伝えるために文章を書く——理解し、強く心がけてはいても、なかなかむずかしいものです。

女性はこうした感覚に敏感です。特に、家庭をあずかる主婦にとって、「モノを買う」判断基準は、ただ単に価格や商品の性質、性能、ブランドといった「目に見えるわかりやすさ」だけではありません。本人が置かれている状況、家庭の状況、個人的な価値観、タイミングなどのすべての要素が、商品を選ぶ際に無意識のうちに反映されます。

家庭における購買決定権は、その8割以上を女性が握っていると言われています。家庭において必要な買い物は、女性がその決定権を持つということです。冷蔵庫や洗濯機などの家電製品はもちろんのこと、何かモノを買うときには、たとえ契約書に印鑑を押すのが男性（夫）であっても、その商品・業者選びにおいて、実際に影響力を持つのは女性（妻）である場合がほとんどです。表面上は夫と妻の両方、ご夫婦に向けて伝えるわけですが、男性に比べて女性のほうが、じっくり時間をかけて小冊子を読む可能性が高いのです。

男性が機能、性能、価格、効果、理屈、見栄などによってモノを購入するのに対し、女性はイメージや自己満足感、その瞬間を楽しんだり、人と共有できる喜びを感じたりしながらモノを買います。

つまり、女性がわくわくするものと、男性がわくわくするものは、根本的に異なるということです。女性の気持ちを汲みとる書き方ができなければ、どんなに一所懸命に小冊子をつくったとしても、なかなか反応は得られないでしょう。

それでは、女性の心に響く書き方をするためには、どうすればよいのでしょうか。どうすれば、女性の心に響く小冊子を作成することができるのでしょうか。

その答えは、まず始めに、書いた原稿を女性に読んでもらうことです。奥様でもかまいません。社員でもかまいません。書いた原稿をまず女性に読んでもらい、意見を仰いでください。女性は手厳しいですから、ひょっとすると彼女たちの率直な意見を聞いて、ショックを受けることもあるかもしれません。しかし、女性ならではの意見に耳を傾け、彼女たちの感覚を知るのは、一般消費者向けに商品・サービスを販売しようとする場合、必要不可欠なことです。

また、もうひとつ、ぜひとも行なっていただきたいことがあります。それは、

「いま、この小冊子を手にしている方（女性）は、どんなことを考えているのだろうか」
「この小冊子の読み手であるお客様（女性）は、どんなことに悩んでいるのだろうか」
といった読み手の状況や心のなかをイメージすることです。

あなたが男性であれば、女性の気持ち、主婦の気持ちを想像しながら文章を書くのはむずかしいと感じるかもしれません。**しかし、読み手の心のなかや状況をイメージしながら書くことで、文章は格段によくなります。想像することで、文章に訴える力が生まれ、伝えたい想いが、読み手の心にきちんと届くようになるのです。**

具体的に、誰かひとり、お客様の顔を思い浮かべてみてください。どなたでもかまいません。頭のなかに浮かぶお客様の顔を思い浮かべ、その方に向けて手紙を書くように、想いをつづってみてください。文章を起こしてみてください。

これはとても大切なことですから、次の章であらためて詳しくお話ししましょう。

4章

効果の上がる小冊子はこうしてつくる!

1 書くストレスを軽減するために知っておきたい重大ポイント

それではいよいよ、内容についての話にうつりましょう。

想いの伝わる小冊子、読んで心に響く小冊子を作成するためには、事前にいくつか心得ておくべきポイントがあります。

先ほどもお話ししたとおり、基本となる小冊子の場合、A5判で64ページ前後になります。文字数にすると、1万5千字（400字詰め原稿用紙に換算して37・5枚）ほどです。普通のペースで読むと、最初から最後まで一気に読んで15〜20分ほどかかります。

これだけボリュームのある文章を書くのは、大変な作業だと思います。書き始める前からうんざりして暗い気持ちになったり、「自分には書けそうもない、できそうもない」と消極的な気分になることもあるでしょう。

でも、大丈夫です。

事前にしっかりとポイントをおさえておけば、書く前から不安に感じることもありませんし、書き始めてからのストレスも大幅に軽減されます。何よりも、効果のあらわれない小冊子をつくってしまう可能性は確実に低くなります。

これからお話しする小冊子のつくり方を何度も読み返し、ぜひ、あなたの望むべき結果につなげていただきたいと思います。

書くときの心構え　その①
ラブレターを書くように

小冊子は、読み手に対して手紙（ラブレター）を送るつもりで書きましょう。小冊子は手紙と同じです。手紙と同じですから、書き手が一方的に「言いたいこと」だけをつづるのではなく、読み手であるお客様の状況や気持ちをしっかりと想像し、頭のなかに思い浮かべながら書きます。

お客様はいまどんな気持ちでいるのか。何を知りたいと思っているのか。あるいは、どんなことに悩んでいたり、不安に思っているのか。想像をふくらませながら書くのです。

たとえば、

「買いたい気持ちはあるのだけれど、どこの会社から買えばいいかわからない」
「信頼できる情報がほしいけれど、どの情報が信頼できるかわからない」
「どうせ買うならしっかりした感じのいい人から買いたい。でも、売り手がどんな人かわからない」

そんな心境かもしれません。

そうだとすれば、あなたは小冊子のなかで、読み手の悩みを解決してさしあげなければなりません。安心して商品を買うためにはどうすればいいか。心から「買ってよかった！」と満足できる買い物をするためにはどうすればいいか。読み手の心境、悩みや不安、夢や希望、期待をしっかりと思い浮かべながら、その気持ちに応えるつもりで文章を書きます。

書くときの心構え　その②
読み手のことを想う気持ちが心に響く文章になる

とは言え、執筆途中にはさまざまな壁にぶつかるでしょう。うまく書けないことによるストレスと闘ったり、書けないジレンマで押しつぶされそうになることもあるでしょう。ただでさえ、やらなければならないことを山のように抱えているのですから、慣れないことは後回しにしたい――文章を書くことから逃げたくなる気持ちは、痛いほどわかります。

そんなときには、次の質問を思い出してください。

「その小冊子を読むことで、読み手にどうなってもらいたいですか」

この質問の答えを想像しながら書いてみてください。小冊子を読むことで、読み手にどうなってほしいか。小冊子を読み終わった後、読み手にどんな気持ちを感じてほしいか。どんな気分になってもらいたいか。その答えを、じっくりと想像していただきたいのです。

たとえば、その答えは、

- **抱えている不安を解消して、すっきりしてもらいたい**
- **会社選びで迷っていた、その迷いを吹っ切ってもらいたい**
- **前向きな気持ちになって、やる気を出してもらいたい**
- **ほっこり笑顔になってもらいたい**
- **自分のこと・会社のことを信頼してもらいたい**
- **自分のこと・会社のことを好きになってもらいたい**

・心を開いて、相談してもらいたい。悩みを打ち明けてもらいたい
・自分の会社の商品を購入してもらいたい、契約してもらいたい
・ファンになってもらいたい、お客様を紹介してもらいたい、口コミで広げてもらいたい

といったものかもしれませんし、他にもいろいろと思い浮かぶことでしょう。

では、今度はこれらの「……してもらいたい」という気持ちを思い浮かべているときの「自分」の状態を、想像してみてください。

たとえば、

「読み手を安心させたい」

「抱えている悩みや不安を解消して、迷いを吹っ切ってもらいたい」

そう思っているときのあなた自身は、どんな状態でしょうか。自然と読み手を安心させる、気持ちを汲みとることのできる、やさしい状態になっているはずです。

あるいは、

「読み手に心を開いてもらいたい」

「会社のことを信頼してもらい、相談してほしい」

そう願うのであれば、意識せずともあなたの心は、読み手に対して真剣に向き合う真摯な状態であると言えます。

読み手のことを想うと、自然と自分の気持ちも、読み手の気持ちに近づくようになるのです。これは大切なポイントなので覚えておいてください。

逆に考えるとこうも言えます。

「どうだ、自分にはこんなに実績があるんだ。すごいだろう？」

「これだけアピールすれば、自分のことを尊敬してくれるにちがいない」

「こんな言葉づかいで書けば、小説家みたいでかっこいいにちがいない」

そんなふうに思いながら書くとすると、その気持ちがそのまま読み手に伝わってしまいます。これでは期待するような成果にはつながりません。

自分のことだけを思って書く文章は、「独りよがり」と一緒です。独りよがりの文章は、読み手の心に響きません。それどころか嫌悪感さえ抱かせてしまうのです。

「……していただきたい」の気持ちが読み手の心を動かす

ここで、どうしても答えていただきたい質問があります。あなたは、何のために小冊子を作成するのでしょうか。

ビジネスですから、当然のことながら、お金のため、集客のため、マネジメントのため、会社の業績アップという目標に向かって書くのだと思います。

しかし、それだけでしょうか。もう一度、考えてみてください。あなたは何のために、小冊子を作成するのですか。

よくよく考えてみれば、決してお金や集客、業績アップのためだけではないという結論にたどり着きませんか。

「間違った情報を信じこんでいる方に、正しい情報を教えたい」

「業者選びに困っている方の悩みを、なんとかして解決してさしあげたい」

「誰に相談していいかわからず途方にくれている方を、ひとりでも多く助けたい」

あなたが小冊子を書こうと思うとき、これらの読み手を想う気持ちを少なからず抱いているはずです。

読み手のことを想いながら書くと、自然とあなたの気持ちを文章に込めることができます。

「お客様にこうなっていただきたい！」

「お客様にこう感じていただきたい！」

その気持ちを言葉につづると、読み手に想いの伝わる、心に響く文章になります。そして、望むべき結果につながる小冊子になるのです。

わたしはこれを「共振（きょうしん）」と言っています。共振とは、心と心が触れ合うこと。気持ちと気持ちが重なり合うことを言います。

たとえば、こんなことがありました。以前、ある小説を読んでいたとき、私はその物語にとても感動しました。次から次へと涙が頬を伝い、「やさしさ」「せつなさ」「いたみ」「くるしみ」……そうした感情が心のなかからとめどなく湧きあがってくるのを感じて、涙が止まらなくなりました。その物語のなかに私の気持ちがすっぽりと入りこみ、作者の気持ちが自分の心に乗り移ったかのように感じられました。

後日、ある雑誌を読んでいるとき、その小説を書いた作家のインタビュー記事に目がとまりました。その作家は、自らも泣きながら、その小説を書いていたのだと言います。決してひと言では表現できない、切なさや愛しさといった感情が心のなかで複雑に交じり合い、ずっと涙を流しながらその小説を書いていたのだと告白していたのです。

そのインタビュー記事を読んだとき、私は「これが共振なのだ」と思いました。作家が心を震わせながら書いた小説だからこそ、その小説を読んだ私の心も震えたのです。作家が涙を流しながら書いたからこそ、私も感動し、涙が出たのです。

読み手のことを思い浮かべながら書けば、その想いは必ず伝わります。心を震わせながら文章を書けば、その心の震えは、文字を通して必ず読み手の心を震わせます。たとえ多少のぎこちなさや誤字・脱字があろうとも、気持ちを込めて書けば、その気持ちは必ず読み手の心に伝わるのです。

小冊子は、想いを伝える手紙（ラブレター）です。手紙ですから、ただ単に情報を伝えるだけでなく、読み手のことを想像しながら、語りかけるように、信頼しあえるように、気持ちを込めて、書いてみてください。それこそが、想いの伝わる小冊子、読み手の心に響く小冊子をつくる最大のポイントです。

では、もう少し具体的な話にうつりましょう。

2 ターゲットを明確にし内容は欲張らない

ここでひとつ、大切なことを考えてみてください。

これからあなたが作成する小冊子は、どのような方々が読むのでしょうか。

当然、「お客様」ということになりますが、ひと言でお客様といっても、実にいろいろな方がいます。書き始める前に、まずはその読み手（お客様ターゲット）を明確にしましょう。

たとえば、住宅会社の場合――。ひと言で「家を建てたい人がターゲット」と言っても、いろいろなタイプの家があります。価格帯も違えば、工法も異なります。純和風の家もあれば、ヨーロッパの香りのする輸入住宅風の家もあります。シンプルな家、ゴージャスな家、スタイリッシュな家、かわいらしい家、木造在来工法の家、ツーバイフォーの家、パネル工法の家、鉄筋コンクリートづくりの家。または、二世帯住宅や平屋、ログハウス風の家もあります。ほんの一部をあげただけですが、それぞれの家のタイプによって、お客様の層も異なります。ローコストで徹底的に無駄を省いた家を建てているのに、小冊子のターゲットが山の手に暮らす高所得者層ではおかしな話です。また、定年退職を迎える団塊の世代に向けてセカンドハウスを販売する戦略を立てているのに、子育て世代に向けた文章を書くのも見当はずれでしょう。

これらは極端な例ですが、日ごろ私が小冊子作成の依頼を受けるなかで、「この小冊子を読むのは、どのような方ですか？」と質問すると、はっきりとした答えが返ってこない場合が意外に多いのです。

ビジネスの戦略を立てるとき、チラシを作成するとき、また、セールストークのなかではしっかりとターゲットを定めているのに、いざ小冊子を作成するとなると、ついつい「広く誰にでも喜ばれるもの・誰が読んでも心に響くもの」をつくりたいと、欲が出てきてしまうのかもしれません。

読者ターゲットの設定は非常に大切です。ターゲットが定まらないままだと、それぞれが抱えている悩みの種類も異なり、伝えるべき内容がぼやけてしまいます。結果的に、誰に読んでもらっても伝わりにくいものになってしまいます。

もう一度、住宅会社の場合を例にして考えてみましょう。

たとえば、ローコスト系住宅を求めている方と、高級志向の住宅を求めている方では、年齢も、かける予算も、抱えている悩みも、知りたい情報も、住宅会社に求めるものも、それぞれまったく異なります。

一冊の小冊子にこれらの情報をすべて盛り込むのは不可能です。子育て世代の方に向けて「超高級家づくり」の情報を提供しても、ポイントがずれていると言わざるをえませんし、おしゃれでスタイリッシュな家づくりを求めている方に対して、素朴さや機能第一のものをアピールしても、やはり違和感が生まれます。

つまり、小冊子を作成する場合には、読者ターゲットはできる限り絞るほうがいいのです。

明確に読者ターゲットを設定することで、読み手の心にピンポイントで伝わる小冊子が完成します。

あなたの場合はいかがですか。あなたが書く小冊子を読むのは、どのような方ですか。性別は? 年代は? 年収は? 家族構成は? 読んでいる雑誌は? 休日の過ごし方は? 趣味は？　毎月のお小遣いは？　――これらの質問の答えを、まずはしっかりイメージしてみましょう。そして、イメージした答えは必ず紙に書き出すことが大切です。

3 想いを伝える小冊子の章立て（構成）とタイトル

小冊子を作成する際には、次の章立てを参考にしてください。

本来であれば、業種や販売したい商品・サービス、その会社の業界内での立場や、読者ターゲットなどによって、一冊ずつ適切な章立てを考えなければなりません。また、ひとつの会社が2冊目、3冊目の小冊子を作成する際にも、あらためて考えなおさなければなりません。

次に記すのはもっとも基本になる小冊子の章立てです。小冊子を作成する際には、まずはこの章立て（構成）を参考にしながら作成するとよいでしょう。

タイトル・サブタイトル

はじめに
1章　お客様が抱えている不安や悩み（その1）
2章　お客様が抱えている不安や悩み（その2）
3章　この小冊子を書いた理由
4章　お客様の悩みを解決する方法（その1）
5章　お客様の悩みを解決する方法（その2）
おわりに
プロフィール

構成要素　その①
効果を発揮するタイトルとは

小冊子のタイトルのつけ方に、興味をお持ちの方はたくさんいらっしゃるでしょう。

タイトルはとても重要です。思わず「読んでみたい！」と思うタイトルか、「なんとなくつまらなそう」と感じるタイトルか。たった一行の違いが、結果的に大きな差となってあらわれます。

業種によって、またその小冊子の内容によって、さらに会社のカラー、パーソナリティなどによって選ぶべき言葉は異なりますので、一概にどのようなタイトルがよいのかを申し上げることはできません。

ただし、タイトル作成のポイントはいくつかあります。

わかりやすいタイトル、読んだら役に立つと思えるタイトル、商品を買った後の生活がいまよりずっと素敵になるとイメージできるようなタイトルが効果的です。

長すぎず、短すぎず、できるだけコンパクトにまとめ、タイトルに盛り込めなかった言葉はサブタイトルにまわしましょう。サブタイトルにも入りきらない言葉は、表紙の余白に記載すればよいでしょう。

奇をてらう必要はありません。「どこかで聞いたことあるかな？」と思うタイトルでもＯＫです。むしろ、売れている書籍のタイトルや雑誌の特集記事のタイトルを一部引用して、あなたの業界にあてはまる言葉を選びながら、タイトルづけするのもよい方法です。

小冊子はお客様に正しい情報を提供することで、あなたを信頼していただくために作成するものです。

お客様を必要以上に驚かせたり、不安にさせるために書くものではありません。小冊子を読むことでお客様にどうなっていただきたいのか、その気持ちを表現するのに、もっともふさわしい言葉を選んでみてください。

【タイトルの例】


「信頼できる○○の選び方、○つのチェックポイント」

「あなたの○○がぐんぐん伸びる　○○を○○させる方法」

「これさえ知れば大丈夫！　○○の○○○○虎の巻」

「安全・快適・経済的！　夢をかなえる○○○○○○の話」

「○○○が教える○○○○生活のすすめ」

「これで問題解決！　○○を伸ばすヒミツの話、徹底公開！」

「○○○の秘訣大公開！　○○○を○○させる○○の話」

「これで安心！　幸せ○○成功ガイドブック」

「○○の悩みはこれで解決！　信頼できる○○はこうして選ぶ！」

「これでばっちり！　○○を○○する○○○○必勝法」

「心から『やってよかった！』と思える○○をかなえるために――　○○○○5つの法則」

「これで完璧！　○○○○究極の○○○○法」

「○○○○もびっくり！　安心して○○を手に入れる裏技」

「誰も話さなかった○○の話　○○○○5つの法則」

「はじめの一歩を踏み出そう　成功する○○○○○」

「あなたの○○をもっと素敵に！　あこがれの○○を○○する方法」

「みんなハッピー○○○○法の教え！　○○○○になる方法」

「本当に大切なことって何だろう？　○○○○がかなう本」

「これさえ読めば安心！　○○で○○する○つのポイント」

「○○○までに読む本　上手な○○の選び方10のポイント」

「これがホンモノ！　○○○の魅力を徹底公開！」

「あこがれの○○はすぐそこに！　あなたの○○を応援する○○ハンドブック」

「これならできる！　○○で○○を手に入れる方法」

「賢いあなたはこの一冊！　○○を○○するためにできること」

「みんなが知りたい○○の話！　15分でわかる安心できる○○選びの方法」

「○○のプロが語る！　信頼できる○○を手に入れるためにできること」

「いま話題！　○○のすべてがわかるミニブック」

「これで回復！　あなたの○○を○する○つの方法」

「簡単ラクチン！　○○を○○して手に入れるまで」

「女性○○が語る！　○○を○○するマル秘テクニック」

構成要素　その②
目次はつけない

基本的な考え方として、小冊子には目次をつけないほうがよいでしょう。なぜなら、目次をつけるメリットがないからです。

目次をつけることで、読み手は自分の興味のあるところから先に読み進め、興味のないところは読み飛ばす可能性が出てきます。目次から本文の内容を察してしまい、そこで読むのをやめてしまう可能性も否定できません。

一般の書籍や雑誌とは違い、小冊子は最初から最後まで、一気に読み進めていただく必要があります。目次はそのためにマイナスになることはあっても、プラスになることはありません。手紙に目次をつけないのと同じように、小冊子にも目次をつける必要はありません。

構成要素 その③
「はじめに」で書くことは？

小冊子のなかでいちばん大切な部分、それが「はじめに」です。しっかりと読み手の心をつかむ「はじめに」が書けるかどうかで、一気に最後まで読み通せるかどうかが決まります。

「はじめに」の構成は次のとおりです。

①お客様が抱えている不安や悩み

②自己紹介
③なぜ、私がこの小冊子を書いたのか
④お客様が抱えている不安や悩みを解決する方法
⑤この小冊子を読むメリット
⑥先を読み進めていただくことの呼びかけ
⑦日付、署名

大切なのは、何度もお伝えしているとおり、読み手の気持ちを想像しながら書くことです。そして、次から始まる本章（1章～5章、おわりに）をスムーズに読み進めていただくために、⑤と⑥――すなわち「メリット」と「呼びかけ」――をしっかり伝えることです。そのために、「読者ターゲット」を想うことが重要なのは、前述したとおりです。

「はじめに」は全体のページ数からすれば、それほど大きな比重は占めていません。後の章でじっくりお話しするための「さわり」だと思い、できるだけリズミカルな文章を書くことを心がけてください。一文を短くし、会話文や疑問文、箇条書きを用いれば、スイスイと読みやすい文章になります。

［例］

どうしてお客様が集まらないんだろう……。

何度こうつぶやいてみたことでしょう。

社長さんは大変です。

やらなければならないことが次から次へと津波のように押し寄せてきます。

愚痴のひとつもこぼしたくなるお気持ち、お察しします。（中略）

いったいこの先、どうすればいいんだろう……。

そう途方にくれることも、以前よりずっと多くなったのではありませんか。（中略）

実をいうと、その状況を変えるのはそれほどむずかしいことではありません。ここでご紹介する方法は、小冊子を使った集客方法です。

小冊子とは、今あなたが手に取っているその小さな本のこと。

あなたはこの小さな本を使って
「あなたの会社のファンになった！」
「お願いだから、買わせてほしい！」
そんな強い信頼関係で結ばれたお客様を、確実に集めることができるのです。（中略）

あなたはこの小冊子を読むことで、
・小冊子と他の広告ツールの違い
・小冊子を使うとどのような効果が期待できるのか
・小冊子を使ってお客様と信頼関係を築くためにはどうすればいいのか
・社長さんの想いを社内に浸透させるためにはどうすればいいのか
・取引先との関係をよくするためにはどうすればいいのか
・小冊子を使って特に効果的なのはどんな業界か
など、少予算で効果的にお客様を集め、ひいては経営全般をスムーズにしてくれる小冊子の魅力を十分に理解されることと思います。（中略）

今から数ヵ月後、あなたは思い通りにお客様を集め、毎日の仕事を心から楽しみ、お客様に感謝していただける喜びを感じながら、なんともいえない満ち足りたときを過ごしているか。

それとも、これまで以上に早いペースで減っていく顧客リストを眺め、ふぅーと深いため息をあいかわらずついているか。

その決断をするのはあなたです。
わたしはあなたのことを心から応援しています。
どうぞゆっくりとページをおめくりください。

2006年4月

はなまるライター　あらがみかずこ

（小冊子『お客様と信頼関係を築く広告ツール　小冊子の魅力を徹底解剖！』はじめにより一部抜粋　著者／はなまるライター　あらがみかずこ）

構成要素　その④
「1章」で書くことは？

次に1章にうつります。

1章では、読み手であるお客様の、現在の状況を書きます。これを明確にすることで、お客様がいま抱えている心理状態を代弁し、共感を得るのです。

あなたの小冊子をお読みになる方々は、いまどんなことを楽しみにしているでしょうか。どんなことを期待しているでしょうか。反対にどんな不安や悩みを抱えているでしょうか。あるいは、誤った情報を信じきっていたり、勘違いしていたりする可能性もあるでしょう。知らなければいけないことを知らないまま、過ごしているかもしれません。

たとえば、「これから家を建てたい！」「安くていい家を建てたい！」と思っている方々の心のなかを想像してみましょう。

現在、アパートや社宅に暮らしていて、お子さんが小学校に上がる前に家を建てたいという方もいるでしょう。または、これまでバリバリ仕事をがんばってきて、40歳前に人生のひとつの区切りとして家を建てたいという方もいるでしょう。定年退職を機に、第二の人生を始める上で、いまの住まいを見直したいという方もいるでしょう。

こういった状況の場合、特に女性は、マイホームを持てることを、すごく楽しみにしていると思います。キッチンを広くとって、お友達を招いてホームパーティしたい、お庭にデッキをつくって、ガーデニングを始めたい、あふれかえった物をすっきり収められる大きな収納スペースがほしい、雨の日でも洗濯物を干せる室内スペースがほしい、お子さんの勉強机が置けるように、子ども部屋をつくろう、そう考えながら、きっとウキウキわくわくしているでしょう。

その反面、わからないことばかりで不安に思っていることも容易に想像がつきます。

たとえば、

「お金はどれくらいかかるのだろう」

「ローンはいくら借りられるのだろう」

「返済方法はどのようにすればいいのだろう」

「気に入った土地は見つかるかしら」

「主人の通勤や子どもの通学は大丈夫かしら」

「毎月の光熱費はいくらになるのかしら」

「住宅会社はどうやって見つければいいのだろう」

「営業マンは信頼できるだろうか」

「きちんと工事してくれるだろうか」

「希望通りの間取り、センスのいいインテリアを提案してくれるだろうか」

——他にも、さまざまな心の状態が思い浮かぶと思います。


1章では、これらの読み手（お客様）がいまどのような状況なのか。どのような心境でいるのか。それらのことを、一つひとつ丁寧に書き進めていくことで、問題点を明らかにするとともに、あなたが読み手と同じ目線に立っていることを伝えます。

書き手であるあなたは、その業界のプロです。当然、プロとしての知識や経験も豊富でしょうし、言ってみればお客様にとっての「先生」的な立場にあたります。また先生であると同時に、読み手にとっての「親しみやすい存在」「なんでも相談できる存在」だからこそ、「いざというときに頼りになる存在」であることが求められます。

そのためには、まず、

「私はあなたの心の悩みがわかります。だから、安心して読み進めていただいてかまわないのですよ」

そんなふうに、あなたが読み手であるお客様と同じ目線でお話ししていることをお伝えしましょう。

先に行くのでもなく、後から行くのでもなく、上からでも下からでもなく、お客様の隣にそっと寄り添っている、そんな姿勢を伝えましょう。

それが、1章の狙いです。

【例】

1章　社長さんの悩みは深い

「契約をとりたい！　でも、お客様から信頼していただけない！」

そんなあなたの悩みは海のように深いでしょう。

いろいろと解決策を探ってはみるものの、どこまでも深い闇に包まれて、先がちっとも見えません。

どうにもこうにも対策がわからず、途方にくれている方も大勢いらっしゃると思います。
ここで、世の中の社長さんが抱えるお悩みを、いくつか一緒に想像してみましょう。

社長さんの苦悩① 誠実な仕事をしていれば、それでいい？
社長さんの苦悩② 広告を打てば、お客様は集まる？
社長さんの苦悩③ よい人材をそろえれば、売上げは伸びる？
社長さんの苦悩④ 価格を下げれば、お客様から選ばれる？
（後略）

（小冊子『お客様と信頼関係を築く広告ツール　小冊子の魅力を徹底解剖！』1章より一部抜粋　著者／はなまるライター　あらがみかずこ）

構成要素　その⑤

「2章」で書くことは？

次に、2章では、1章で明らかにした読み手であるお客様の状況、そして抱えている問題点を、別の角度から分析します。

たとえば、1章で書き出した例です。これから家づくりにのぞむお客様が抱えている悩みや不安をほうっておいたまま家づくりを開始してしまったら、お客様はどのような問題に遭遇するでしょうか。あるいは、どういう事態に陥ってしまうと想像できるでしょうか。

正しい知識を持たないまま家づくりを開始することが、いかにリスクの高いことかを示します。

ここで誤解していただきたくないのは、不安や悩み、心配や問題点を書き出すことで、読み手の不安をあおることが目的ではないということです。

これは非常に大切なことなので、もう一度繰り返します。**問題点をあぶりだすことで、読み手であるお客様を不安にさせたり、怖がらせたり、心配させたりすることが目的ではありません。**

大切なのは、お客様の不安や心配を理解しているということをわかっていただくこと。そして、お客様自身にも現状の問題点をはっきり認識していただくことです。

少しの間、振り返ってみてください。

人は誰でも、「自分の悩みをわかってくれる」「共感してくれる」人に対して、大きな信頼を寄せるものです。「気持ちをわかってくれる」人に相談したいと思います。

いたずらに恐怖心をあおるのは逆効果。読み手の感覚は敏感です。

書き手が、

・脅そうとしているのか

・助けてくれようとしているのか

その違いを敏感に感じ取ります。

誇張しすぎた表現や、あからさまなつくり話は絶対にNGです。あなたがプロとして、日ごろその業界の成り立ちに疑問を感じていることや、お客様が理不尽な目にあっていると感じる点、それらについて、客観的な立場から正しい情報を伝えてください。

【例】

2章　他の広告ツールと比較してみよう！

突然ですが、ここでひとつ質問させてください。

あなたの会社は今、どのような方法でお客様を集めていらっしゃいますか。では、それらの方法はうまくいっていると思いますか。

この章では、小冊子という広告ツールを少し身近に感じていただくために、まずはいまあなたがお使いになっている広告ツールと比較しながら、小冊子の特徴についてお話ししようと思います。（中略）

◆チラシとの違い

◆セールスレターとの違い

◆新聞・雑誌広告との違い

◆ホームページとの違い

◆ブログ・メールマガジンとの違い

◆番外編、営業マンのセールストークとの違い

（中略）

小冊子以外のツールが必要ないと申し上げているのではありません。それぞれの場面でそれぞれの目的に応じて、どのツールも効果的に使う必要があると思います。

また、ウェブサイトと小冊子、小冊子とニュースレターとブログなどのように、それぞれのツールを適切に組み合わせることで、効果が発揮されます。

（小冊子『お客様と信頼関係を築く広告ツール　小冊子の魅力を徹底解剖！』2章より一部抜粋　著者／はなまるライター　あらがみかずこ）

構成要素　その⑥
「3章」で書くことは？

次に、3章です。

3章はこの小冊子の「肝（きも）」に当たる部分です。

3章ではあなた自身の話をします。

「こんな想いで商売しているのか。それなら信頼できそうだ」

「過去にこんな経験をしているのか。なんだか魅力的な社長さんだな」

あなた自身がまず心を開くことによって、お客様はあなたに対して親近感を覚えるようになるのです。

なぜ、自分自身の話をしなければならないのでしょうか。理由は簡単です。見ず知らずの人に心を開いてもらうためには、まずあなた自身が心を開き、あなたがどのような人間で、日ごろ何を考えているのか、知ってもらわなければならないからです。

・何も知らない人

・よく知っている人

あなただったら、このどちらの人から商品を買いたいと思いますか。さらに、

・知っているものの、あまり共感できない人

・親しみを感じている人、好意を抱いている人

どちらの人から商品を買いたいと思いますか。答えは明らかだと思います。

この3章は、まさにその「親しみを感じていただく」部分です。書き手であるあなたの人柄、そして仕事に込める想いを表現し、あなたのファンになっていただきます。

そのために必要なのが、あなた自身の人柄・仕事に込める想いを伝える**「パーソナルな物語」**です。

これまでにどんな仕事をしてきたか、どんな経験をしてきたか、その経験を通じて何を得たかを伝えてください。さらに特に印象に残っているお客様の話や、小さいころの思い出、家族のこと、社員の話でもよいでしょう。将来の夢や目標、最近感動したことなどでもかまいません。

小冊子のなかには、あなたの人柄や、人となりが伝わるエピソードを必ず盛りこみましょう。

とは言え、

「自分は成り行きでいまの商売を始めた。特別な『想い』などというものはない」

「親父の跡を継いで代表になったので、よくわからない」

「自分の人柄なんてよくわからない。何を書けばいいのか困ってしまう」

そんなふうに感じてしまう方もいるかもしれません。

ご安心ください。心配はご無用です。人には誰にでも必ず歴史があります。小冊子一冊を書くに足りる、十分な経験をなさっているはずです。それは立派な財産です。堂々と書き記しましょう。

そのために、次ページに記すいくつかの質問を、自分の胸に問いかけてみてください。

小冊子を作成するときには、まず自分自身に徹底的に語りかけなければなりません。

本来であれば、業種やあらかじめ把握している会社の成り立ち、社長の人柄や経験の有無、地域性などを考慮して、そのつど適切な質問を考え直す必要がありますので、ここではその一部のみを記します。一部とは言え、心のなかに秘められた深い想いをはっきりと認識するためのヒントとなりますので、必ず目を通してください。そして、これらの質問の答えを、必ず紙に書き出してみてください（パソコンでもＯＫです）。

思考は書くことによって整理され、固まります。書くということは考えるということです。しっかり納得のいくまで考え、自己を分析し、深く自分を知ることで、あなたらしい小冊子が完成します。

どうぞじっくりと考えてみてください。

―想いを表現できる魔法の質問―

・幼い頃はどんなお子さんでしたか
・幼い頃の経験や習慣のなかで、いまに活きていると感じることはありますか
・心に残っているご家族との思い出はありますか
・前職はどんな仕事でしたか
・いつ現職に就いたのですか。そこにいたるまでにはどんな経緯・きっかけがありましたか
・現職に就いてから、何かひとつ心に残る出来事をあげるとすると、どんなことがありますか
・その出来事をきっかけに、あなたはそれ以前と比べて何か変わりましたか。変わったとすれば、どのような点が変わりましたか
・お客様からどんなところを褒めてもらうとうれしいですか

・どんなときに、やりがいを感じますか
・最近いちばんうれしかったのは、どんなことですか。なぜうれしかったのですか。そのときの状況を教えてください
・あなたのお仕事ぶりを、ご家族や社員さんは何とおっしゃっていますか
・ご自身の好きなところと嫌いなところ。両方を教えてください
・克服したいと思っているコンプレックスなどはありますか。それはなぜですか
・業界の嫌なところはありますか。それはどんなところですか
・その嫌なところはお客様にどんな不利益を与えますか
・その嫌なところをあなたはどんなふうに思いますか。変えていきたいなどと思いますか
・いまの目標や達成したいことはどんなことですか
・そのためにまず何をしようとお考えですか
・その目標を達成するために必要な協力者は誰ですか
・協力者とはどんな関係を築いていきたいとお考えですか

いかがでしょう。すべての質問に答えることができましたか。

先ほどもお伝えしたように、これらの質問の答えは、必ず紙に書き出してみてください。上手に書く必要はありません。ここでは、第三者に見せるために書くのではありません。あなた自身の頭のなかをすっきり整理するために考えるのですから、うまい文章を書こうなどとは決して思わずに、心のなか・頭のなかに浮かんできたことを、そのまま自由に書きなぐってみてください。まったく答えられない質問があってもかまいません。一行や二行だけでもかまいません。ただ、考えることから逃げずに、できるだけ力強くイメージしてみてください。

こうした作業は、慣れない方にとっては、苦痛を伴うかもしれません。それはそうでしょう。自身の過去を振り返ったり、子どもの頃のことを思い出したり、なかには、いままで一度も考えたことのなかった、とてもむずかしい質問も含まれているだろうと想像します。時間が経つにつれ、考えが変わることもあるでしょう。額に汗をかきながら考えなければ書けない質問もあるでしょう。

大変な作業だと思います。でも、ここでぐっと踏みとどまり、ぜひともご自身が納得いくまで考えてみてください。

これら一つひとつの質問に真剣に取り組み、額に汗をかきながら自分と向き合うことで、他の誰にも真似のできない、世界にたったひとつの小冊子が完成するのですから。

【例】

3章　なぜ私がこの小冊子を書いたのか？

ここでは私自身の話をしてみようと思います。（中略）

この小冊子を書いた理由
なぜライターになったのか？
想いを伝えることのすばらしさ
（それぞれ中略）

（小冊子『お客様と信頼関係を築く広告ツール　小冊子の魅力を徹底解剖！』3章より一部抜粋　著者／はなまるライター　あらがみかずこ）

構成要素　その⑦
「4章」で書くことは？

次に、4章です。

4章は文字数、ページ数から言うと、すべての章のなかでいちばんボリュームの膨れるところ、またそうならなければいけないところです。

なぜなら、1章・2章で書いたお客様の悩みや不安・心配事に対する解決策を、ここの4章で教えてさしあげなければならないからです。問題を解決することで、読み手であるお客様は、安心してあなたの会社に依頼できるようになります。

それでは、具体的には何を書けばいいのでしょうか。

それには、読み手であるお客様にとって、あなたの会社が信頼できる会社だと、納得できるだけの理由を明記することです。

これはとても大切なところなので、もう一度繰り返します。4章では、読み手であるお客様にとって、あなたの会社が信頼できる会社だと、納得できる理由を書くのです。

4章を読んだお客様に、

「あなたの会社なら安心しておまかせできる！」

「信頼してお願いできる！」

「ぜひとも、あなたの会社にお願いしたい！」

そんなふうに感じていただけるだけの根拠をお伝えするのです。

では、もう一度、住宅会社の例を取りあげてみましょう。

これから家づくりにのぞむお客様は、さまざまな悩みを抱えています。お金や土地選び、営業マンとの打ち合わせ、それに契約や工事の不安などです。完成した後にかかる費用やアフターメンテナンスのことも気にしています。

それこそ、もう何がなんだかわからないことだらけなのです。さらにやっかいなことに、お金の悩みひとつとっても、それぞれのご家庭によって状況が異なります。

それでは、これらのお客様が抱える悩み、1章・2章で提起した問題をきれいに解決するためには、いったいどうすればよいでしょうか。言い換えれば、どうすれば、お客様はいま抱えている悩みや不安を解決できるのでしょうか。

その答えは、信頼できるプロに出会うことです。

お客様は、なんでも悩みを打ち明けられる信頼できるプロと出会えれば、いま抱えている悩みや不安を解決できます。これまで不安に思っていたことや心配していたことのすべてを相談でき、適切なアドバイスを与えてくれるプロと出会えれば、それらをすべて解決できるのです。

どんな商品・サービスであれ、お客様がそれらの商品・サービスについてプロ並みの知識を持つ必要はありません。

お客様は信頼できるプロと出会えればよいのです。信頼できるプロと出会えれば、一つひとつプロのアドバイスを受けながら、そのつど不安を解決していくことができます。業種は関係ありません。どんな業種でも、基本的には共通して言えることです。

それでは、あなたの会社が「信頼できるプロ」であると、読み手に認めてもらうためにはどうすればよいのでしょうか。

答えは、読み手であるお客様が、あなたの会社がプロであると認める理由を書けばいいのです。つまり**4章では、あなたの会社の長所・すばらしい点・ライバル他社と比較したときに勝っていると思われる特徴について、客観的な目線で書いてください。**

この「客観的な目線」というのは、とても大切です。

小冊子はセールスレターとは異なります。小冊子で売り込みはしません。説得もしません。無理に売り込んだり説得したりするのではなく、あなたの会社が信頼するに足る事実、その証拠を提示することで、お客様からの信用を得るのです。

たとえば、あなたの会社には、ライバル会社と比較したとき、どんな特徴があるでしょうか。

- **商品の品質がいい**
- **サービスの質がいい**
- **技術が高い、腕がいい**
- **社員教育がしっかりされている**
- **社員の人柄がいい**

・価格が良心的
・納期が正確、納期が早い
・購入後のメンテナンスやフォロー体制がしっかりしている
・打ち合わせの際に工夫していることがある
・実績がたくさんある、事例がたくさんある
・お客様からの声がたくさんある
・推薦者からのお墨付きがある
・会社の歴史が長い、伝統がある
・定評のある資格をとっている
・会社の雰囲気がいい、アットホームでなごやか
・社長の顔が見える
・社長の意思が社内に浸透している
・地元で信用がある
・社会貢献している

・地球環境を考えている

など、いろいろな特徴が出てくるでしょう。

そのなかでも、とりわけあなたの会社の「強み」になっている点を3～10個ほどピックアップし、一つひとつ丁寧に書き起こしてみてください。

そして、「(読み手である)お客様の悩みを解決して、安心して○○(商品)を購入するためには、これらの特徴を兼ね備えているプロにお願いすることです。あなたの悩みを解決するためには、信頼できるプロに出会えばいいのです」

このように、4章をまとめあげてみてください。

ここはボリュームが膨らむところですから、なるべく箇条書きを多用したり、コンパクトな文章を書くように心がけたり、ところどころでイラストを入れたりしながら、読み手を飽きさせない工夫が必要です。

【例】

4章　小冊子を使うと、どのような効果があるのか？

小冊子を使うとどのような効果が期待できるのか。小冊子を作成することでどのようなメリットが期待できるのか。

その代表的な10の効果をお話ししましょう。（中略）

効果1　伝えたい情報をきちんと伝えられる
効果2　お客様との信頼関係を構築できる
効果3　見込み客の情報を集めることができる
効果4　ツーステップ販売が可能になる
効果5　自動的に口コミツールになる
効果6　マスコミに取り上げてもらいやすくなる
効果7　必要なときに思い出してもらえる
効果8　会社に対する信用が増す
効果9　社内のチームワークがよくなる
効果10　採用の際の面接が楽になる

（それぞれ中略）

（小冊子『お客様と信頼関係を築く広告ツール　小冊子の魅力を徹底解剖！』4章より一部抜粋　著者／はなまるライター　あらがみかずこ）

※ここで事例として掲載している文章は、本書でおすすめしている書き方と合致しません。はなまる企画の場合、業界（小冊子を作成代行する業界）の特性から考えて、あえて「はなまる企画にお願いしなければならない理由」について書くのではなく、このような切り口にしています。ただし、あなたが小冊子を書く際には、本書にのっとり基本に沿って書くことをおすすめします。

構成要素　その⑧
「5章」で書くことは？

次に、5章にうつります。いよいよ小冊子の終盤にさしかかってきました。

5章は、4章とは違った切り口で、さらにお客様の悩みを解決する方法を書きます。実際に商品を購入したり契約したりするには、まだまだクリアしなければならない心理的なハードルがあります。迷っているお客様の背中を押してさしあげる、そんなふうにイメージしていただければよいでしょう。

想像してみてください。

あなたの会社に対して、好意を抱いているお客様が目の前にいるとします。このお客様はいま、あなたの会社から商品を購入しようかどうか迷い、不安を抱えていらっしゃいます。このとき、あなたはどんな言葉をかけて、お客様の不安な気持ちを解消してさしあげますか。

決してお客様のことを説得しろと言っているわけではありません。知って得する情報・役立つ情報を継続して提供し、お客様の心の不安をなくし、安心して申し込みができる状況をつくりだすのです。

具体的には、「よくある質問にお答えします！」というタイトルで、実際にお客様からよく寄せられる疑問点について、Q＆A形式で答えていくのがよいでしょう。

このとき、可能であれば、先ほど4章を書く際に考えたあなたの会社の特徴・強み（ライバル会社と比較したときのメリット）のなかから、4章では書ききれなかった点を、さりげなく組み入れてください。

住宅会社の場合を例にあげて考えてみます。

読み手であるお客様は、4章を読むことで、信頼できる住宅会社を選ぶ際のポイントはある程度理解することができました。けれども、実際に契約書に印鑑を押していただくためには、まだ超えなければならないハードルがあります。特にお金を支払うタイミングや納品時期、打ち合わせの際に「言った・言わない」などという行き違いがないかなどについて、不安を感じていらっしゃるでしょう。

たとえば、あなたの会社では後日打ち合わせ内容を確認しやすくするために、複写式のシートを使っていると仮定します。これは信頼できるアピールポイントと言えないでしょうか。であれば、そういった内容をQ＆A形式に盛り込むのです。

【例】

Q．打ち合わせの際に気をつけるべきことはある？

A．当社の場合、打ち合わせの際には、「言った・言わない」「聞いた・聞いていない」の行き違いを防ぐために、複写式のシートに記録を残し、一部をお客様配布用に、一部を当社保存用に、そして一部を業者への発注シートとして利用しています。

こうすることで、お客様は打ち合わせ内容をいつでも確認できると同時に、当社でも発注ミスなどを防ぎ、無駄なコストを削減できます。

お客様サービスのひとつとして、とても喜んでいただいている点です。

これはあくまでも一例ですが、Q&A形式で書くと、読み手にとって、先へ先へと読み進めることができる、とてもわかりやすい文章になります。また、書き手にとっても、とても書きやすいと思います。

日ごろ、お客様との会話のなかで、いろいろな疑問や質問を投げかけられることがあると思います。あなたは、そのときどのように答えていますか。その場面を思い出してください。そここでお客様にお話しするのと同じように書けば、スムーズに書けるはずです。長文をつづるのではなく、話し言葉のように、一文一文を短くまとめながら、できるだけ読みやすく書くことを意識してみてください。

【例】

5章　あなたの疑問にお答えします！

ここまでお読みになっていかがでしょうか。
まだどこか信用できないとお感じの方もいらっしゃいますか。
この章では、みなさんからよくお寄せいただく疑問や質問にお答えすることで、小冊子という広告ツールのすばらしさについて、さらに詳しく知っていただきたいと思います。

Q、小冊子はどんな業界でも使えますか。

A、小冊子にはその効果が強く出やすい業界とそうでない業界があります。

一般に高額商品や購入すると決めるまでにたくさん悩まなければ決められない商品・サービスのほうが、その効果は高いと思われます。（中略）

Q．以前に読んだ他社の小冊子はちっともおもしろくなかった。苦労してつくっても意味がないと思う。

A．小冊子を読んで「おもしろくなかった」「教科書みたいだった」「共感できなかった」などとお感じになるとしたら、それはその小冊子が説明口調の少しこむずかしい書き方をしていたからかもしませんね。

小冊子をつくる際に陥りやすい点として、堅苦しい説明書のような文章でまとめてしまうことがあげられます。（中略）

Q．伝えるだけの想いがない。何を書いていいのかわからない。

A．「自分に何があるんだろう。想いといわれても、答えに困ってしまう」「大きな声ではいえないいけれど、会社に対してそれほど強い感情を抱いているわけではない」（中略）

ご安心ください。人には歴史があります。どんな人でも、小冊子一冊を書くには十分な経験をなさっているはずです。（後略）

（小冊子『お客様と信頼関係を築く広告ツール　小冊子の魅力を徹底解剖！』5章より一部抜粋　著者／はなまるライター　あらがみかずこ）

構成要素　その⑨

「おわりに」で書くことは？

これで最後になりました。

最後の締めである「おわりに」で書くことは、ここまでお読みくださったお客様に対する感謝の気持ちです。

また、ここ最近の出来事で特にうれしかったこと、仕事をしていてよかったとしみじみ思ったこと、特にうれしかったお客様の声、これからの目標、お客様に対していつも心がけていることなど、心のなかにある伝えたい感情を素直に表現します。

さらに、この小冊子を読み終わった後は、お客様に「結果につながる何らかの行動」を起こしていただかなければなりません。

具体的には、会社へ問い合わせをする、家族で前向きな検討を始める、お友達に紹介するなどの「行動」です。そこで、**文末では、読み手に向けて、必ず「行動への呼びかけ」を行なってください。**

この「行動への呼びかけ」は、非常に大切です。ここまで小冊子をお読みになり、あなたの会社に対して好感を抱き、親近感を感じ、「ぜひとも、お願いしたい！」という気持ちが高まっているお客様に対して、次の行動に進んでいただくための明確な理由づけを行ないます。お客様に行動するきっかけを与えてください。背中を押してあげてください。

せっかく一所懸命に考えて書きあげた小冊子でも、この「行動への呼びかけ」がない小冊子には、やはりどこか物足りなさを感じます。

最後だけはしっかりと、「次にとってほしい行動は何か？」「どんな行動を起こしていただきたいのか？」をお伝えしてください。

これは、結果につなげる小冊子を作成する上で、欠かすことのできないポイントです。最後は日付と署名を入れて、本文を終えます。

【例】

おわりに

ここまでお読みくださり、ありがとうございます。（中略）

小冊子は本当にすばらしい広告ツールです。

ただ単にお客様を集めるだけではありません。

小冊子を作成することで、あなたの想いを伝え、あなたのＤＮＡを社内外に引き継いでいくことができるのです。

私は小冊子がきっとあなたの強力なパートナーになってくれると固く信じています。

（中略）

最後にひとつだけ、お伝えしたいことがあります。

あなたもぜひ、小冊子を作成してみてください。

小冊子のすばらしい効果を体感してみてください。

お客様から信頼され、親密な感情を抱いていただき、業績が上がり、社員からも取引先からもこれまで以上に温かな目で見ていただける、そんな小冊子のすばらしい効果を、あなたにもぜひ感じていただきたいのです。


あなたの幸せとビジネスの成功を心からお祈りしています。

最後までお読みくださり、ありがとうございました。

2006年4月

はなまるライター　あらがみかずこ

◇最後までお読みくださったあなたへ

なお、この小冊子をお読みになって「もっと詳しい情報がほしい」「さらに小冊子について考えてみたい」とおっしゃる方は、どうぞお気軽にご連絡ください。

お役に立てるよう、心を込めて対応いたします。

フリーダイヤル／0120―757―870

（小冊子『お客様と信頼関係を築く広告ツール　小冊子の魅力を徹底解剖！』おわりにより一部抜粋　著者／はなまるライター　あらがみかずこ）

構成要素　その⑩

プロフィールページで書くことは?

小冊子の最終ページには著者プロフィールをつけましょう。

このプロフィールページは、冊子を裏からめくったときに、お客様の目にいちばん最初にとまるページです。

あなたも本を読むときには、最終ページに書いてある著者プロフィールに必ず目を通すのではないでしょうか。たとえ途中で読むのをやめてしまうとしても、プロフィールは小冊子を手にとったときにまず目に入るものなので、意識しなくても心に留まる可能性が高いと言えます。

プロフィール部分で書くべきことは、

・著者名
・著者の写真
・生まれ年、出身地
・最終学歴
・職歴
・所有している資格など
・読者に向けてのひと言メッセージ

・発行者の連絡先（会社の住所、フリーダイヤル、電話番号、ファックス番号、ウェブサイトアドレス、メールアドレスなど）
・小冊子のタイトル、発行年月、小冊子の価格
・著作権保護の文言

このなかで特に大切なのは、著者の写真です。

しかめっ面の写真を掲載するのは禁物です。なるべくアットホームな雰囲気を感じさせる、やさしい印象の写真を選んでください。

また、その際の服装ですが、できるだけ普段着ているものと同じものがよいでしょう。

たとえば、住宅会社の社長であれば、普段の服装は、スーツよりも作業着のほうが多いかもしれません。そうであれば、写真撮影だからといってスーツを着るのではなく、いつもと同じ作業着のほうが効果的です。写真スタジオで撮影する必要もありません。むしろ家族なりが撮影したもののほうが、リラックスした雰囲気が出ると思います。

写真は、小冊子をお読みになった方が実際にあなたと出会ったとき、できるだけ近いイメー

ジを与えるものがよいです。くれぐれも、カメラをにらみつけたりしてはいけません。特に女性の目から見てこわい印象を与えるものはＮＧ。ご自身の印象に自信のない方は、似顔絵で代用してもよいでしょう。

学歴や職歴などは、簡単でかまいません。資格を持っていることにより信用力が増す職業などの場合は、忘れずに記載しましょう。

さらに、読者に向けてのひと言メッセージを入れてください。これもとても大切です。先ほどもふれたとおり、この部分は読み手の目にとまるため、短いメッセージでも的確に伝わります。

ここで書くことは、あなたがお客様に向けていちばん伝えたいことです。仕事に対する姿勢や、どうしてもこれだけは知っていただきたいと思う会社の理念に相当する言葉をわかりやすく書き連ねてください。

小冊子本文の内容と重複してもかまいません。スペースの関係で、５～８行くらいになると思いますが、あまり長々書かずに、必ずお伝えしたいと思うことだけ、あなた自身の言葉で簡潔にまとめてみてください。

なお、著作権の文言は忘れずに記載しましょう。

小冊子は長い時間と労力をかけて作成するものですから、発行者の許可を得ることなく第三者に流用、転載、販売などされるのは、著者にとって決して気持ちのよいことではありません。また、そうした行為は違法行為です。

法律上の縛りをかけておくという意味合い以上に、読み手に対して著作物としてしっかりしたものであるというイメージを与えるためにも、著作権保護の文言は忘れずに記載しましょう。

はなまるライター
あらがみかずこ

1971年5月生まれ
東京女子大学文理学部史学科卒業
1998年4月　編集プロダクション就職
2000年8月　ライターとしてフリーで活動開始。主に生活情報誌、結婚情報誌、行政が発行する広報誌などで取材・執筆
2002年5月　小冊子の作成代行を開始
2005年2月　有限会社はなまる企画設立

◆好きなこと
何でもじっくり考えて、すでにあるものに自分なりのアレンジを加えてオリジナリティを追求すること。ストレス発散はスイミングで♪

◆あなたへのメッセージ
このご縁に感謝いたします。小冊子はみなさんの会社をアピールする絶好の広告ツールです。伝えたい想いをしっかりと丁寧に表現することで、お客様との信頼関係を築けます。ぜひとも、この小冊子の魅力を実感なさっていただきたいと願っています！

■連絡先
有限会社はなまる企画
〒359-1122　埼玉県所沢市寿町27-7-1204
フリーダイヤル；0120-757-870　電話；04-2925-6145　FAX；04-2925-3331
http://www.e-hanamaru.net/　E-Mail；info@e-hanamaru.net

業績アップのヒケツがここに！
お客様と信頼関係を築く広告ツール　小冊子の魅力を徹底解剖！
2006年4月　第2版発行＜検印省略＞　定価1,500円（税込）

- 61 -

●筆者のプロフィールページ。写真が入ると、より効果が高まります

5章

小冊子の疑問・質問はこれで解消！

ここでは、みなさんからよく受ける小冊子に関する疑問・質問にお答えしましょう。

Q1 小冊子と他のマーケティングツールとのいちばんの違いは何？

チラシ、ダイレクトメール、ウェブサイト、ニュースレター、メールマガジン、ブログ、新聞・雑誌広告……。お客様獲得に向けて自社の情報を発信し、コミュニケーションをスムーズにするためのツールはたくさんあります。

これらの媒体と小冊子のいちばん大きな違い、それは「小冊子は本であること」です。

小冊子は一般の本と同じです。ボリュームは少ないかもしれませんが、本屋さんに並んでいる書籍となんら違いはない立派な本なのです。

では、ウェブサイトやメールマガジン、ブログなどのインターネット関連のツールと小冊子を比較してみましょう。

インターネットの世界では、見始めると止まらなくなる、興味深いサイトがたくさんあります。メールマガジンは種類が豊富で選びきれないほどです。ブログもまたしかり。これらの媒体は、マーケティングツールとしてどれもすばらしい長所がありますが、小冊子と決定的に異なる点として、まず「電子媒体」であることがあげられます。

電子媒体の場合、基本的にパソコンのないところでは読むことができません。また、読むというよりは「見る」「情報を検索する」という意味合いが強いでしょうか。小冊子と比較して、ウェブサイトやメールマガジン、ブログなどの電子媒体は、私たちにとって、より手軽にふれることができる媒体と言えそうです。

インターネット関連のツールは、ほしい情報を簡単に検索し、手早く探し出すことができるという点ですばらしいメリットがありますが、その反面、手軽な分だけその価値が「軽く」見えてしまい、情報を得ることに対するありがたみがうすく、印象に残りにくいという面もあります。

これらと比べると、小冊子はかたちがある分、「信用力がある」ツールと言えるでしょう。持ち運びに便利なので、休憩中にコーヒー片手に読んでみたり、帰宅してご飯を食べて一服しながら読んだり、仕事の空き時間にも読むことができます。

モニター画面を眺めるのとは違い、手で触りながら、その重みを感じながら、極端に言えば紙の匂いをかぎながら……、つまり目からだけでなく、五感を使ってじっくりと読むことができるのです。

モニター画面などで目だけで情報を得るのに対して、五感を使って情報を得るほうが頭のなかに入りやすいことは、申し上げるまでもないでしょう。

もうひとつ。小冊子はそのボリュームもポイントとなります。

読みやすいようにレイアウトし、しっかりとした内容できちんと想いを伝えようとするならば、ある程度のページ数になるでしょう。基本となる小冊子の標準的なサイズはA５版60ページ前後。これは普通の方が15～20分で読み終える長さですが、これくらいのボリュームになると、印刷・製本する際には背表紙がつきます。

背表紙がつけば、見た目も立派な一般の書籍と同じです。数ページの紙ペラとは違い、印刷・製本された本は、受けとる側に、なんとなく捨てにくいような希少価値を与えます。

チラシやダイレクトメールは、よほど気に入った会社（お店）からの案内や、相当インパクトの強いものでない限り、手元に長く保管してもらうのは至難の業です。読み終えたらすぐに

チラシやDMは気軽に見てもらえるが、手元に保存してもらえる確率が低い

書籍と同じ体裁にすると、手元に保存してもらいやすくなる

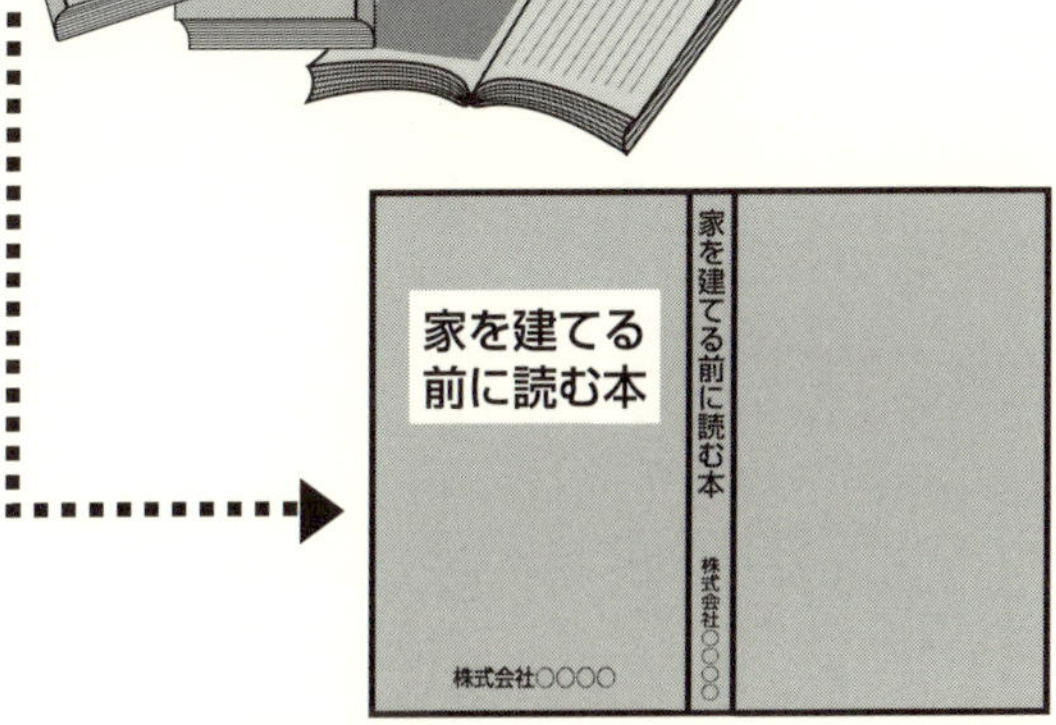

背表紙をつけると、一般の本と同じ体裁になる

●通常、背表紙にはタイトルと著者名を入れます。
小冊子は基本的に右びらき（右に背表紙があり、右側にめくる）の縦書きですゴミ箱にポイッと捨てられてしまうのが関の山……。

これに対して、捨てるときに

「なんとなくもったいない」

「せっかくだから、とっておこう」

そういった気持ちになるのも、小冊子の魅力のひとつです。つまり、本と同様の扱いをされるため、**小冊子は読み終わったら本棚にしまわれる**のです。

一度本棚に収納された小冊子は、いずれ何かのきっかけがあれば、思い出してもらえる可能性が高いと言えます。

その「きっかけ」が友達同士の会話やお金に余裕ができたといったところから生まれるのか、また、それが半年後なのか1年後なのかはわかりません。しかし、さまざまな偶然が重なり、その商品を購入する「必要性」と「欲求」がぐっと高まったとき、本棚にしまわれた小冊子は、再度手にしていただけるようになります。

本と同じように扱われる小冊子の寿命は、その他のツールと比較にならないほど長いと言えるでしょう。

Q2 小冊子が特に効果的なのはどんな業種？

小冊子には、その効果が強く出やすい業種と、必ずしもそうとは言えない業種がありますが、それも書き方やその会社の業界内での立場などによりますので、ここで一概に申し上げることはできません。

ただし、一般に高額商品や、購入すると決めるまでにたくさん悩まなければ決断できない商品・サービスのほうが、その効果は高いと思われます。

たとえば、一生のうちに数度しか購入しないようなもの、買い慣れていないため商品やサービスの判断基準がよくわからないもの、いろいろな会社があってどこの会社から買えばいいか迷ってしまうもの、ローンを組んで買うのでいつも以上に慎重に決めたいと思うもの……。私は、これらの商品・サービスをお客様に購入していただくために、小冊子は必需品であると考えます。

その一方で、衝動買いしても惜しくない価格帯の商品・サービスや、購入すると決めるまでにそれほど悩む必要がなく、気軽に支払えるようなもの――たとえその買い物に失敗したとしても、それほど後悔しないようなもの――に対して、小冊子を作成する際には、その費用対効果を十分に検討してからにしましょう。

●特に効果が出やすいと思われる業種の例：住宅関連業（新築・リフォーム・不動産売買）・各種コンサルティング業、士業、開業医、冠婚葬祭業、健康関連業、教育業など

Q3 小冊子が特に効果的なのはどんな地域？

小冊子はお客様との信頼関係を築きあげるために活用するツールですから、人間関係が密接な地域、つまり単刀直入に申し上げて、都会よりも田舎のほうが、その効果が発揮されやすいと言えます。

また同じように、10代後半~20代後半の若い世代より、50~70代のシニア層のほうが、小冊子に好印象を抱いてくださるようです。

ただし、これも書き方や業種、その会社の業界内での立場などによりますので、一概にこうと申し上げることはできません。

いずれにしても、小冊子はあなたの想いを伝えるツールですから、人間同士のつながりが濃い地域のほうが、直接的な反応にも、そして口コミにもつながりやすいと思います。

また、口コミの発生源となりやすい方や、紹介好きな方にお読みいただくことで、意図的に口コミ・ご紹介を増やしていくことも可能です。

Q4 効率的に小冊子を配布する方法は？

小冊子を作成したら、なるべく多くの方にお読みいただかなければなりません。

とは言え、印刷コストとの兼ね合いもありますので、むやみやたらに配布すればよいというものでもありません。できるだけあなたの会社に興味のある方に向けて、効率的に配布できる方法を考えましょう。

小冊子を配布する方法は大きく分けて2つあります。

ひとつは有料で広告を出す方法、もうひとつは無料でお知らせする方法です。

有料で広告を出す場合には、新聞、雑誌、タウン情報誌、フリーペーパー、タウンページ、メールマガジン、ファックスＤＭなどが考えられるでしょう。

ただし、ひと言で新聞といっても、いわゆる主要４新聞の他に、中日新聞・中国新聞などの地方紙、さらには業界紙などもあります。雑誌やタウン情報誌などは、地域や業種によって何種類も発行されています。

どの媒体に広告を出すべきか検討する際には、主に次のことを参考にするとよいでしょう。

・発行部数

・主な読者層（性別、年齢、職業など）

・媒体の刊行サイクル（月刊、隔週刊、週刊、日刊など）

・読んで面白いと感じるかどうか

・役に立つ情報が載っているかどうか

・どんな会社が広告を出しているか

・それらの広告の反応率はよさそうか
・競合他社が同じような広告を載せているか
・広告の掲載ページ、掲載位置は指定できるかどうか
・連続掲載すると広告費が安くなるなどといったサービスがあるか

可能であれば、事前に編集者・記者に質問しながら、しっかりと調査・研究しておくことが大切です。

一方、コストをかけずに配布する方法としては、すでにあなたの会社で作成している広告ツールを使い、小冊子のことをお知らせするとよいでしょう。

・ニュースレター
・ウェブサイト、ブログ
・チラシ
・名刺
・メールマガジン
・看板や街頭広告などのディスプレイ　など

ざっと以上のようなものがあると思いますが、この他にも会社の受付に置いたり、知り合いの店舗に置かせてもらったり、地域密着型のビジネスをされていれば、公民館や市町村の集会所に置かせてもらうこともできるかもしれません。

無料で配布する際には、不特定多数の方に広く配布できる反面、いつどんな方が小冊子を持ち帰ったか把握できないというデメリットがあります。そうした点をふまえて、できるだけ効率的に配布する方法を検討してください。

Q5 もっと効果的に小冊子を配布する方法は?

意外に忘れがちな小冊子の活用方法に、既存客に配布するという方法があります。

この方法は、強くおすすめします。既存客の方々は、あなたの会社のことを信頼しているからこそ、商品やサービスを購入してくださったのでしょう。そうした方々との信頼関係をさらに深めるために小冊子を活用するのは、とてもよい方法です。

既存客がたくさんいる場合には、すべての方に無料でさしあげるわけにはいかないと思いますが、「関係の濃い」「信頼関係ができあがっている」お客様をピックアップし、「リピート」「紹介」「口コミ」を促します。

その際の目安として、お客様のお顔と名前を一致できる方をピックアップしてみるのはいかがでしょうか。

ひとたびご縁を持つことのできたお客様とは、末永く、強力な信頼関係を築きたいものです。たとえ毎月ニュースレターを送付したり、定期的に顔を合わせる機会を設けているとしても、なかなかじっくりと内容の濃い話をできる機会はとれないのではないでしょうか。あらためて小冊子を配布し、お読みいただくことで、あなたの会社との信頼関係はさらに深まり、結果的にそれがリピート受注、紹介、口コミへと発展していくのです。

Q6 小冊子請求者からの申し込み受付方法は？

広告や口コミなどによって、あなたの会社が小冊子を配布していることを知ったお客様は、あなたの会社に、「小冊子が読みたいので、送ってほしい」と請求してくださいます。

このとき、問い合わせを受け付ける方法として、次の方法が考えられます。

・電話（フリーダイヤル）による受付

・FAXによる受付

・ハガキによる受付

・ウェブサイト、ブログ、電子メールによる受付

・来社、来店による受付

問い合わせ手段は、多いに越したことはありません。

特に、ターゲットにしているお客様が一般の方の場合、たとえ無料で興味を抱いている分野の小冊子が手に入るとしても、知らない会社に資料を請求するのですから、不安を抱えているはずです。何の抵抗もなく申し込んでくださる方より、「売り込みされるのは困る」「まだじっくり考えたいのに、あれこれ質問されるのは嫌だ」と、少なからず躊躇している方のほうが多いはずです。

こうした申し込みの際の心理的ハードルをできるだけ低くするために、

・申し込み方法を複数用意する（電話、ファックス、ハガキ、ウェブサイト、ブログ、電子メール）

・電話は通話料無料のフリーダイヤルにする

・ファックスは24時間受付と明記する

・電話は、可能であれば録音テープによる自動音声対応などにして、24時間受付にする

・ウェブサイトで受け付ける場合は、記入しやすい専用フォームを用意する

以上の方法を取り入れてみてください。

Q7. 小冊子を送付するときの注意点は？

小冊子を請求してくださるお客様は、多かれ少なかれ、あなたの会社に興味を持ってくださっている方々です。お客様に小冊子を配布するときには、その期待を裏切らない対応をしなければなりません。

それでは、お客様の期待に応えるためには、どんな対応をすればよいでしょうか。

- **申し込みをいただいたら、迅速かつ丁寧に発送する**
- **小冊子と一緒に同封する資料にも気を配る**
- **小冊子をお読みになったお客様から問い合わせがある場合を想定して、対応するスタッフ、対応方法をあらかじめ決めておく**
- **小冊子配布後も、お客様と定期的にコンタクトをとるための仕組みを築いておく**

といった準備をしておくことが必要です。

そして、小冊子を送付する際には、主に次の資料を用意して同封しましょう。

①担当者の名刺
②送付状
③無料相談申込書（などの、次の行動につながりやすくするためのツール）
④小冊子の感想を記入してお送りいただく用紙
⑤過去にあなたの会社の商品を購入したお客様からのお声
⑥マスコミ掲載実績

特に、次の行動につながりやすくするための③は、絶対に必要です。

業種によって、また販売している商品・サービスによって、そのツールは異なります。たとえば見学会や相談会の申込書であったり、優先受付チケットであったり、○％割引チケットであったり、初回お試しクーポン、有料相談の場合もあるでしょう。

小冊子を読み終わったお客様が次の行動に移しやすくなるよう、適切な対応を考えましょう。

Q8 小冊子を配布した後のフォローの方法は？

小冊子を配布した後、いかにコンスタントにお客様との接触を持ちつづけるか、お客様フォローの仕組みはとても大切です。

ただ配布して終わりではなく、ニュースレターやセールスレター、各種イベントのご案内状や季節のお葉書などをコンスタントに送付し、お客様との接触頻度をなるべく高める必要があります。具体的には、配布した後に、ハガキでご挨拶状を送る他、毎月か隔月に一度、ニュースレターを送付します。なかにはタイミングをみて営業マンが電話をかけている会社もあるようです。

どんな頻度で、どれくらいの人数に、どんなフォローをつづけていくべきかについては、やはり業種や会社の戦略などによって異なりますから、この場で詳しく申し上げることはできません。

ただし、小冊子は送付しただけでは効果が出にくいのは事実です。「お読みになって、いかがでしたか？　何かご不明な点がありましたら、いつでもお問い合わせください」という内容の葉書、ニュースレター、セールスレター、各種イベントのご案内状、クリスマスカードやバースデイカードなど、あなたの会社らしいツールを用意して、コンスタントにお客様と接触を持ち続けることが大切です。

Q9 有料で小冊子を販売するときの注意点は？

小冊子を配布するとき、有料で販売するか、無料で配布するか、迷われる方もいらっしゃると思います。

基本的には、小冊子は無料で幅広く配布することをおすすめしますが、切り口やターゲット設定を工夫することで、有料のほうが、かえってその価値が高まる場合もあります。

ひとつ言えるのは、たとえ無料で配布するツールであっても、決して手を抜いて作成してはいけないということです。

特に、ここ数年はインターネットの普及やフリーペーパーの広まりなどによって、私たちを含めた一般消費者は、無料で情報を得ることにますます慣れっこになっています。

今後、世の中にこのような無料の情報がさらに増えると、「情報は無料でもらって当たり前」という傾向がますます強まるでしょう。見た瞬間に「なんだか、つまらなそうだ」と思われてしまえば、その時点でなかを開いてもらえなくなります。もちろん、最後まで読み通してもらうことなど不可能です。

喜んでいただくためには、とにかくしっかりした内容で作成することが重要です。

まずはしっかりと小冊子を作成し、その上で、多角的な面から判断してみましょう。

Q10 効果が出にくい業種での活用方法は？

ツーステップ販売においては、小冊子を使うのではなく、その他のツールのほうが見込み客を集めやすい場合もあります。

たとえば、化粧品や健康食品を販売したいのであれば、小冊子よりもまずはサンプル（試供品）を配布するほうが効果的かもしれません。体の疲れをとるマッサージ機器などを販売したいのであれば、イラスト入りで美容の豆知識をまとめたパンフレットなどを配布するのもよいでしょう。

それぞれの業種、会社に応じて、お客様に喜ばれるものを、無料もしくは低価格で販売するのは、強い「引き」になります。

なお、先ほどQ２で小冊子の効果が出やすい業種をいくつかあげましたが、これらのなかには、すでに小冊子を活用したツーステップ販売が一般的になりつつある業種もあります。また、住宅や不動産のように、一生のうちにそう何度も経験しない大きな買い物であれば、迷っているお客様の背中を押すのに小冊子だけでは不十分な場合もあります。

こうした業種では特に、お客様の成熟度（その商品を買いたいと思う気持ちの高まり具合）によって、小冊子とは別の施策を考えます。段階ごとに相談会を開催したり、商品を購入する上でのよくある質問項目をまとめたQ＆A集や、過去の事例集やお客様からの声をまとめた冊子などを配布するのもよいでしょう。

これらはあくまでも一例です。いずれにしても前述したとおり、できるだけ質の高い情報をお客様の状況に合わせてご提供しつづけることで、地道に信頼関係を築いていきたいものです。

Q11 小冊子のマイナス面を知りたい

最後に、小冊子を作成する際には、そのすばらしい特徴と同時に、マイナス面についてもご理解ください。

◆作成するのに時間と労力が必要

日ごろから文章を書き慣れている方ならともかく、心に響く小冊子を一冊を書き上げることは本当に大変です。60ページを超えるボリュームの文章を書くことなんて、振り返ってみれば、これまでの人生のなかで一度も経験がないという方がほとんどでしょう。

さらに、

「せっかく書き始めてみたものの、最後まで読んでいただく自信がまったくない」

「ようやく書きすすめた原稿の書き出しを何人かに読んでもらったら、酷評された」

「書くことに夢中になるばかりに、本来やるべき業務に支障が出始めた」

そうした不安やストレスを抱えたままでは、自信を持って配布できなくなってしまいます。

小冊子を作成するためには、労を惜しまない覚悟が必要です。

◆効果が出るタイミングを予測するのがむずかしい

もうひとつのマイナス面ですが、小冊子は即効性のあるツールではありません。

チラシと比較するとわかりやすいのですが、チラシを見て問い合わせをしてくださるお客様というのは、「今すぐ○○したい！」という欲求のもと、すぐに行動してくれる方々です。

それは、「商品を買いたい」という欲求かもしれませんし、見学会や相談会への参加かもしれません。あるいはお店の場所や定休日の確認かもしれません。チラシの内容に応じてどのような行動になるかは異なるものの、その日のうちに問い合わせてもらうのが、基本的なチラシの目的です。

しかし小冊子は、いつどんなタイミングでお客様が行動してくださるか、予測がむずかしいツールです。言い換えれば、即効性を求めるのではなく、長期戦でのぞむ覚悟が必要です。なかには読んですぐに問い合わせてくださる方もいます。もちろん内容や書き方、商品の特性、あなたの会社の業界での立場などによって、ある程度の予測がつく場合もあります。しかし、これは小冊子が寿命の長い（長持ちする）ツールであるがゆえの、その他のマーケティングツールと異なる点です。

そのため、前述したとおり、小冊子はいったん読んでいただいた後も、読んでくださったお客様に忘れられないように、継続的にお客様とコンタクトをとり続けなければなりません。ニュースレターやハガキ、見学会の案内などによって新しい情報を供給し、関係をつなげておく必要があります。

なかには、すぐに効果が得られなく、フォローをやめてしまう方もいらっしゃるのですが、これは非常にもったいないことです。お客様の心のなかで、その日、そのとき、その瞬間が訪れるまで……。最低でも半年～1、2年は辛抱強くフォローしつづけてみてください。

6章

小冊子で想いを伝えた成功者の実例

ここでは、実際に小冊子を取り入れて成功された、5名の経営者の方にご登場いただきます。お客様に対する想い、導入によってもたらされた実績、小冊子制作の苦労話……。

小冊子によって実際に体験された生の声を、ぜひお聞きください。

1 新規患者が3割増えました！ 競争の厳しい歯科業界にあっても、不安は何も感じません

――みもと歯科医院　院長　味元議生先生

「競争の激しい歯科業界にあって、小冊子を作成してからというもの、将来に対する不安がなくなりました！」

そうおっしゃるのは、高知県南国市で歯科医院を経営する、味元議生（みもとよしたか）先生。2004年4月に小冊子を作成して以来、2年とわずかの間で2000冊以上の小冊子を無料で配布してきました。配布前に比べ、配布後は、新規患者が3割も増えたとのことですから、まさに驚きの成果です。

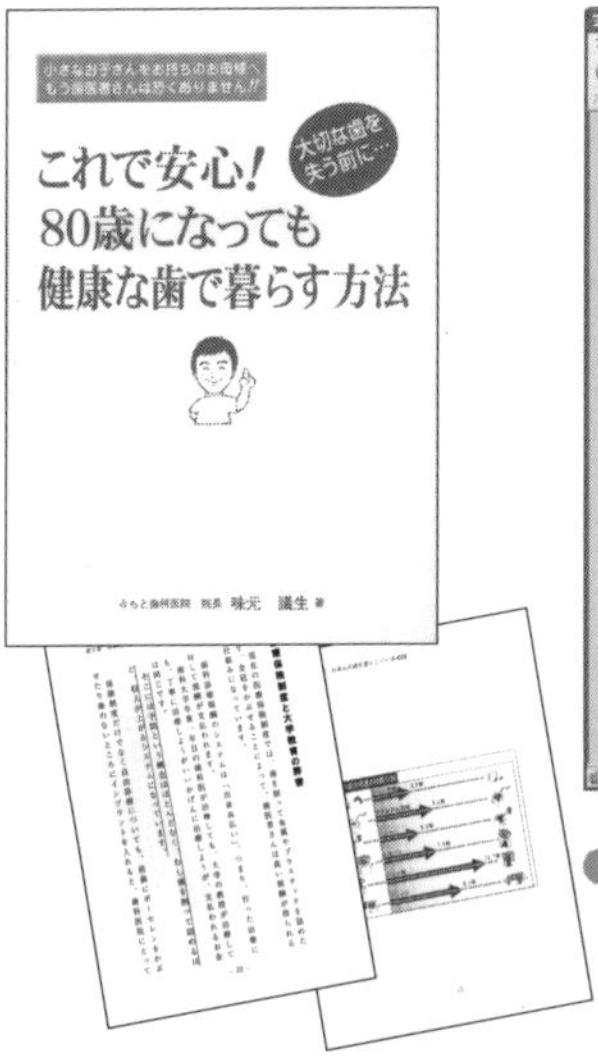

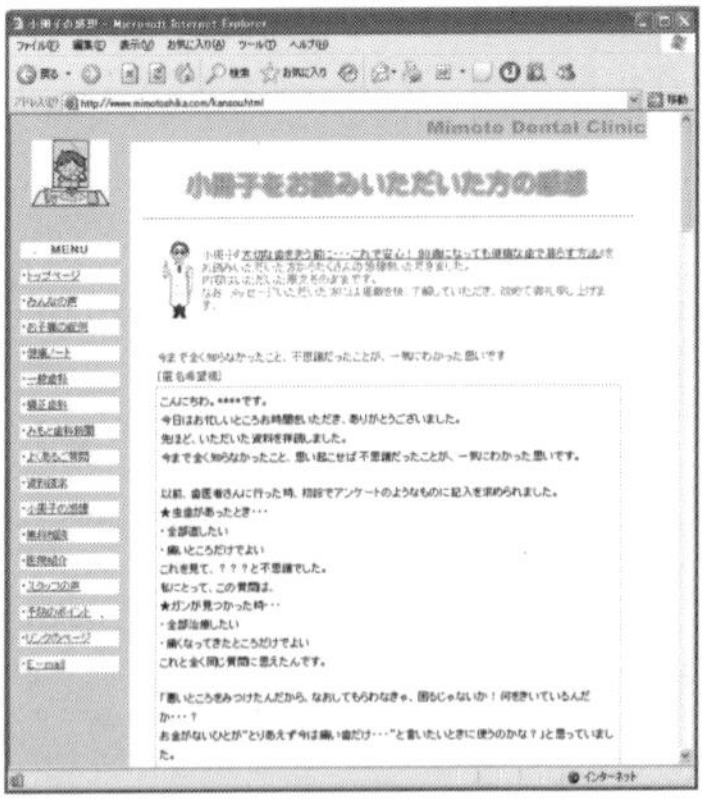

●みもと歯科の小冊子（左）とホームページ（右）
http://www.mimotoshika.com/

歯科業界はここ数年、実に厳しい状態が続いており、いわゆる「勝ち組」「負け組」に二極化されている状況です。「少子高齢化」「新規医院の開業ラッシュ」「社会保険加入者本人の3割負担」――これらの波を受け、全国的に一医院あたりの患者さんの数が減少しています。そのなかで、経営に不安を感じている歯科医院の先生は、大勢いらっしゃるのだそうです。

「新規の患者さんが前年より3割も増えたなんて、なんだか自分だけ申しわけなくって、同業の先生たちの前では、あまり大きな声で言えないくらいです」

謙虚でまじめな受け答えが印象的な味元先

生は、歯科診療に取り組む姿勢も誠実そのもの。

みもと歯科医院の小冊子は『これで安心！　80歳になっても健康な歯で暮らす方法』というタイトルです。主に、むし歯の予防法について書かれています。

「治療に熱心な歯医者さんはたくさんいても、予防に熱心な歯医者さんは決して多くありません。読んだ方からは『とても勉強になりました』『もっと早く知りたかったです』という声をたくさんいただきました。歯医者のくせにこんなこと言うのもヘンかもしれませんが、私はもともと歯を削ったり、歯のなかに人工物を詰めたりする、いわゆる歯の治療が好きではないのです。ですから、せっかくある大切な歯を、1本でも長く残すためのむし歯予防法について、お伝えしたいと思っています。小冊子を配布してからというもの、歯を大切にすることに前向きな患者さんばかりが来てくださるようになりました」

みなさん味元先生の歯科診療の考えに共感してくれているので、以前より診療の際のストレスはずいぶん軽くなったと言います。

むし歯予防に熱心な患者さんは、定期的に通院してくださいます。渋々ではなく、積極的に来院していただけるので、患者さんとのコミュニケーションもとりやすくなりました。

味元先生は、小冊子をきっかけに、患者さんの数を増やしただけでなく、理想の患者さんを集めることに成功したのです。

さらに、特筆すべきは、配布コストがほとんどかかっていない点です。

知り合いの小児科、産婦人科、内科などの個人医院に小冊子を置いてくれるよう頼んでまわり、待合室で読んでもらったり、自由に持ち帰っていただくことにしました。また、地元の高校の校医をつとめている関係で、学校の先生にも読んでいただき、口コミにつなげることもできました。

このように、お医者さんや学校の先生から広がる口コミの効果は絶大です。権威ある立場の人からすすめられると、一般の人はすぐに信用してしまうものです。狙って行なったことではないかもしれませんが、見事に成果としてあらわれた好例だと思います。

現在、味元先生は、これ以上新たな患者さんに来ていただくと、かえって迷惑をかけてしまうという理由から、小児科の医院にだけ小冊子を置いてもらっていると言います。

配布する場所を限定することで、来院する患者さんの数を、ご自身でコントロールされているのです。

「小冊子のおかげで、将来に対する不安がなくなりました。思いのほか簡単に理想を実現できてしまい、拍子抜けしているくらいです（笑）」

2 プランを出す前から契約が決まることも。お客様と見えない糸でつながっている感覚があります

――有限会社エコーアート　専務取締役　袴田孝枝さん

静岡県浜松市に、ご夫婦で力を合わせて、良質な注文住宅を建てている工務店があります。その名は有限会社エコーアートさん。代表を務める袴田勇二さんの妻、孝枝さんは「主婦の目から見た家づくり」をテーマに、3冊の小冊子を執筆されました。男性が中心の業界にあって、家を建てるご夫婦のアドバイザーとして、特に奥様方から絶大なる信頼を得ています。

通常、これから家を建てようとしている方は、まずは一般の本や雑誌から役立つ情報を得ようとします。または、住宅展示場や見学会に足を運ぶこともあるかもしれません。しかし、どの情報を得ても、本当にそれが信用できるかどうか判断基準がないために、どこの会社の言葉

●建築した家の前で小冊子を手にする袴田孝枝さん

を信じればいいのかわかりません。お客様は常に不安でいっぱいの状態なのです。

こうした高額商品を扱っている場合、いきなり商品の説明を始めるのではなく、まず会社の想いや姿勢について知っていただき、何よりも先に安心していただいて、それから話を聞いてもらうことが大切です。お客様との信頼関係ができてから初めて、家の性能などの具体的な内容に耳を傾けていただけるのです。

「小冊子を読んで問い合わせてくださるお客様は、私たちの姿勢に共感してくださっています。初めての打ち合わせのときから、身を乗り出して質問されたり、真剣な顔で悩みを打ち明けてくださったり、なかにはいきなり他社の不満や愚痴をおっしゃる方もいらっしゃいます。

お客様の反応はさまざまです。笑顔で感想を伝えてくださる方もいれば、何もおっしゃらない方もいます。でも、何もおっしゃらないとしても、小冊子をお読みいただく前と後では、お客様との距離感が違うんです。こちらの話を『スッ』と聞いてくださると言うか、『あ、信頼してくださっているんだな』『リラックスして話を聞いてくださっているんだな』という安心感を感じます。お客様と見えない糸でつながっている感覚があるんです」

と袴田さんはおっしゃります。

売る側と買う側で、信頼関係ができあがっているのですから、受注が好調でないはずがありません。なかにはプランも見積書も作成する前から「お宅にお願いするから！」と言ってくださったり、前金を差し出そうとしたお客様もいらっしゃったのだとか。

私はよく存じているのですが、袴田さんは非常に筆まめな方です。小冊子を送付する際に添えるお手紙はもちろん、季節のハガキやブログ、ニュースレター、そしてニュースレターに添える一筆せんなど、どれも決して前に出すぎず、しつこすぎず、ふと振り向くと隣でそっと見守っている、そんな感覚で自然にお客様にうったえかけることができる方です。

そして小冊子からも、女性ならではのやさしさ、きめ細やかな心づかいが感じられます。

内容は、資金計画の立て方や上手に要望を伝える方法、信頼できる住宅会社の見分け方などですから、決して奇をてらった情報ではありません。しかし、工務店社長の妻である袴田さんならではの視点と言葉で、家づくりを成功させる秘訣について、わかりやすく書かれています。文面から、ご夫婦仲のよさやアットホームな雰囲気もよく伝わってきます。

その袴田さんならではの視点と言葉、そしてご夫婦の人柄が、お客様を共感させ、安心させているのです。

「お客様と信頼関係を築くのは、本当に大変です。特に住宅のような一生を左右する決断ともなれば、お客様も真剣に勉強なさっています。小冊子さえあればいいなんて、そんなふうには思いません。ただ、当社の場合、お客様との信頼関係を築いていく過程において、小冊子がそのサポート役を果たし、ものすごく大きな効果を発揮してくれているのは事実です。正直、今となっては、『小冊子がなかった頃はどうやって受注していたのだろう』と疑問に感じることさえありますから（笑）」

3 葬儀に対する想いを伝えたい！多い日には1日5件の請求が。お客様のすべてが小冊子の読者です

――株式会社川上葬祭　代表取締役　川上知紀さん

大阪市生野区において、130年の歴史ある葬儀社、株式会社川上葬祭の代表を務める川上知紀（かわかみとものり）さんは、2004年9月に小冊子『人生の締めくくりであるお葬式で後悔しないために』を作成しました。

毎月1回20000世帯に折り込むニュースレターやウェブサイト、別に作成しているお葬式のマナーハンドブックでの告知を繰り返し、約2年の間に、多い日には1日5件、通算、なんと7000冊の無料配布に成功しました。

葬儀を依頼してくださるお客様の100％が小冊子の読者という成果もすばらしいことですが、川上さんは、ご自身の葬儀に対する想いを伝えられたことに、何よりの達成感を感じていると言います。

「葬儀社は人間の死を扱う特殊なサービス業です。それだけに、お客様のなかには非常に強

い不安、『電話しづらい』『聞きたくない』というマイナスの感情を抱く方もいらっしゃいます。『胡散くさい商売』という目で見られることも少なくありません。私が小冊子をつくったのは、集客するという以前に、なんとかしてお客様の心のなかにある不安や胡散くささを払拭し、まじめで誠実にやっていることを伝えたかったためです」

葬儀社というのは派手な宣伝ができない業種です。だからこそ、正しい情報や知って得する話はもちろんのこと、仕事に込める想いをしっかり伝えていくことで、同業他社との差別化を図らなければなりません。

その際に「心を込めています」と口で言うのは簡単です。実際のところ、どの会社も同じように口をそろえて「心を込めています」とアピールします。

しかし、お客様から見ればいかがでしょう。お客様は、その言葉が真実かどうかわかりません。「心を込める」という、その言葉の真の意味を理解していただくためには、なぜそう言うのか、どうしてそれを理解していただかなければならないのか、その理由をきちんと伝えなければなりません。

「もともとウェブサイトで情報提供はしていましたが、小冊子という形態にすれば、より多

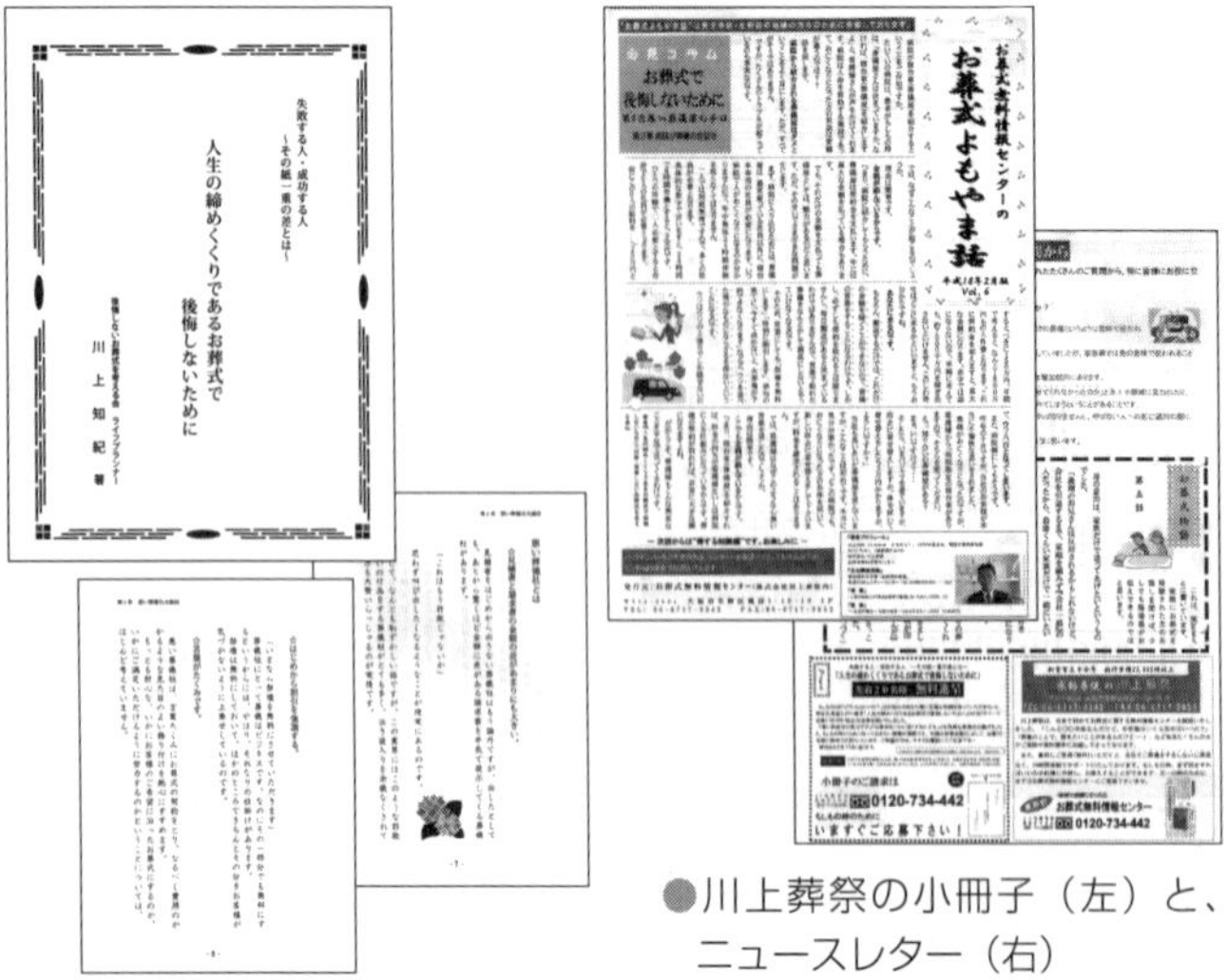

●川上葬祭の小冊子（左）と、ニュースレター（右）

くの方にしっかりと伝えられるのではないかと思いました。そして、ただ文字にするだけでなく、その言葉を重いものとして受けとっていただくか、軽いものとして判断されるか。それは内容によって判断されるものと思います。当社の場合、その点もうまく表現できたと感じています」

川上さんは、小冊子の最終ページに、読者から感想を募るための葉書をさしこんでいます。その葉書を通じて、読者の方から「心がよく伝わってきました」というお声がたくさん寄せられているといいます。

また葬儀の後、そして一周忌のときにもお客様から感謝の声が届くと言いますから、いかに川上さんの姿勢に共感してくださっている方が多いか、そこからお察しいただけるでしょう。

さらに、お客様だけではありません。

小冊子は、お経をあげてくださるお坊さんにもさしあげています。

「お坊さんと信頼関係を築くことで葬儀を進めやすくなりますし、それがまた、ご遺族の方への気持ちになるからです」

「当社のお客様であるご遺族は、大切な肉親をなくされるという、右も左もわからない暗闇のなかにいらっしゃいます。ただ、そうした暗闇のなかでも、懐中電灯の灯りをともしてさしあげることはできます。小冊子では、私の過去の経験をふまえ、『人が亡くなるとはどういうことか』『一所懸命に送り出すとはどういうことか』ということを考えながら書きました。ありがたいことですが、きちんと想いを込めたら、想いに共感してくださるお客様ばかりが集まるようになりました」

業界ではここ数年、価格破壊が進み、いろいろな形態の業者が増えていると言います。こうした状況をみて、川上さんはさらにもう一冊、小冊子を刊行したいとおっしゃっています。

4 絵手紙で人柄を伝える、世界にひとつの小冊子。1個26万円の高額商品が、お会いせずとも売れてしまいます！

——有限会社遠藤産業　ありがとうケア　代表取締役　遠藤八郎さん

遠藤八郎さんは、福島県郡山市で介護用品や健康増進機器を販売する「ありがとうケア」の代表をしていらっしゃいます。

体にやさしい浄水器を販売するために、小冊子を作成し始めたのは2005年の3月のこと。26万円という高額商品、しかも一般家庭向けの商品であるにもかかわらず、小冊子を配布した約5％の方が、通信販売で一度も顔を合わせることのないまま購入してくださると言います。

特に、通常は男性販売員にはむずかしいと言われる、一般家庭の奥様向けの商品です。以前は「自分の伝えたいことがうまく表現できずに苦しんでいた」と言う遠藤さんですが、成功の秘訣はどこにあるのでしょうか。

小冊子は遠藤さんの話し方と同様、朴訥とした書き方が印象的です。

内容は、「水」がきっかけでアトピーから回復した実のお孫さんの物語を中心に、浄水器の賢い選び方について書かれています。また、表紙、さらに本文中では、趣味の絵手紙、それにお孫さんが描いた絵を掲載しています。

印刷製本は、会社のカラープリンターで出力し、文房具店で買った製本キットを用いて行いました。

一見したところ、決してプロっぽいつくりではありません。けれども、それがかえって遠藤さんならではの味わいとなり、やさしさや誠実さ、温かな人柄を伝えています。

内容、文章の書き方、絵手紙、印刷製本の具合、それら一つひとつがすべてオリジナルであり、他のだれにも真似できない遠藤さんならではの仕上がりになっているのです。

「販売している商品がよいものであるからに違いありませんが、小冊子を読んでくださったお客様は、私のことをすごく信頼してくれているように感じます。『すみずみまで読みました』というお声をかけていただくと、とてもうれしいし、励みになります」

そうゆっくりとやさしい口調で話す遠藤さんは、ご自身のことを口下手だとおっしゃいます。

●遠藤産業の小冊子。絵手紙が効果的に使われています

「私は喋りがうまくないし、セールストークが苦手です。実は、販売してからまだ日が浅かったこともありますが、小冊子を作成する以前は、一台も売ることができなかったのです。いまでは、小冊子が私の代わりに商品を売ってくれるので、本当に助かっています。お客様には商品のよさと同時に、私の個性が伝わっているようです。お客様と電話で話す際に、それが手にとるようにわかるんです」

遠藤さんは小冊子だけでなく、ウェブサイトやブログにも、絵手紙をたくさん掲載しています。

浄水器を販売するために、まずはウェブサイトやブログをご覧いただき、そこから小冊子を請求していただきます。その後、その小冊子を請求してくださった方に絵手紙通信（ニュースレター、月1回発行）を送付して、さらに遠藤さんのファンを増やしていらっしゃいます。

その3つの流れがうまく機能しているからこそ、いまの成果につながっているのでしょう。

「趣味の絵手紙を活かすことができ、とてもうれしいです。最初は浄水器の小冊子なのに絵手紙を掲載するなんて、それでいいの？　と半信半疑だったんです。でも、『人柄が伝わりますから、それでいいんですよ』という言葉に背中を押されました。小冊子を通して、信用していただいて、なおかつ商品が売れて……。こんなにうれしいことはありません。いまでは本当によかったと心から思っています」

5

悪質な訪問販売業者から地域を守りたい。小冊子で正しい情報を伝えます！

——有限会社大野塗装　代表取締役　大野雅司さん

岐阜県各務原市で親子二代、塗装職人として活躍していらっしゃる大野雅司さん。

「酒と読書が好きな義理人情の男」というご本人のキャッチフレーズのとおり、見た目の雰囲気はみなさんがよくイメージする職人さんそのもの。実はとっても素敵な笑顔の持ち主ですが、第一印象はなんとなく近寄りがたい、女性にはちょっと硬い雰囲気を与えていました。

そのため、主婦の方に上手にアピールするにはいったいどうすればよいのか、とお困りのご様子でした。

「これまで職人一筋。仕事には絶対の自信がありますが、家の塗り替えとなると、ターゲットになるお客様は一般家庭の主婦の方々です。もともと口数も多くありませんし、愛想笑いを浮かべながらセールストークを口にするのが苦手で、それがいちばんの悩みでした」

そう淡々と語る大野さんですが、小冊子を作成しようと思ったのは、世間を騒がせている訪問販売業者の被害からお客様を守るため、安心・適正価格の塗り替え方法をお伝えする必要を感じたからだと言います。

家の塗り替えというと、気づいていても女性にとっては一朝一夕にできるものでもなく、早々に手をつけられるものではありません。なんとなく汚れているなぁと思っても、いったいどうすればいいのかよくわかりません。どんな会社にお願いすればいいのか、ましてやどのように塗り替えると長持ちするかなど、初歩的なことから専門的なことまで、まるで知識がないといっても過言ではないでしょう。

そして、そうした一般家庭の主婦、なかでも特に高齢者の一人暮らしを狙った一部の訪問販売業者による悪質な営業手口は、社会問題までに発展しています。

「ホームページやブログでも情報提供はしていますが、ご年配の方のなかにはインターネットを使わない方も多くいらっしゃいます。悪徳業者につかまって、後になってつらい想いをしないためにも、伝えるべきことを幅広い層にしっかり伝えられる紙のツールは、どうしても必要だと思います」

大野さんは、ご自身で書いた原稿を会社のプリンターを使ってA4サイズで出力し、それを

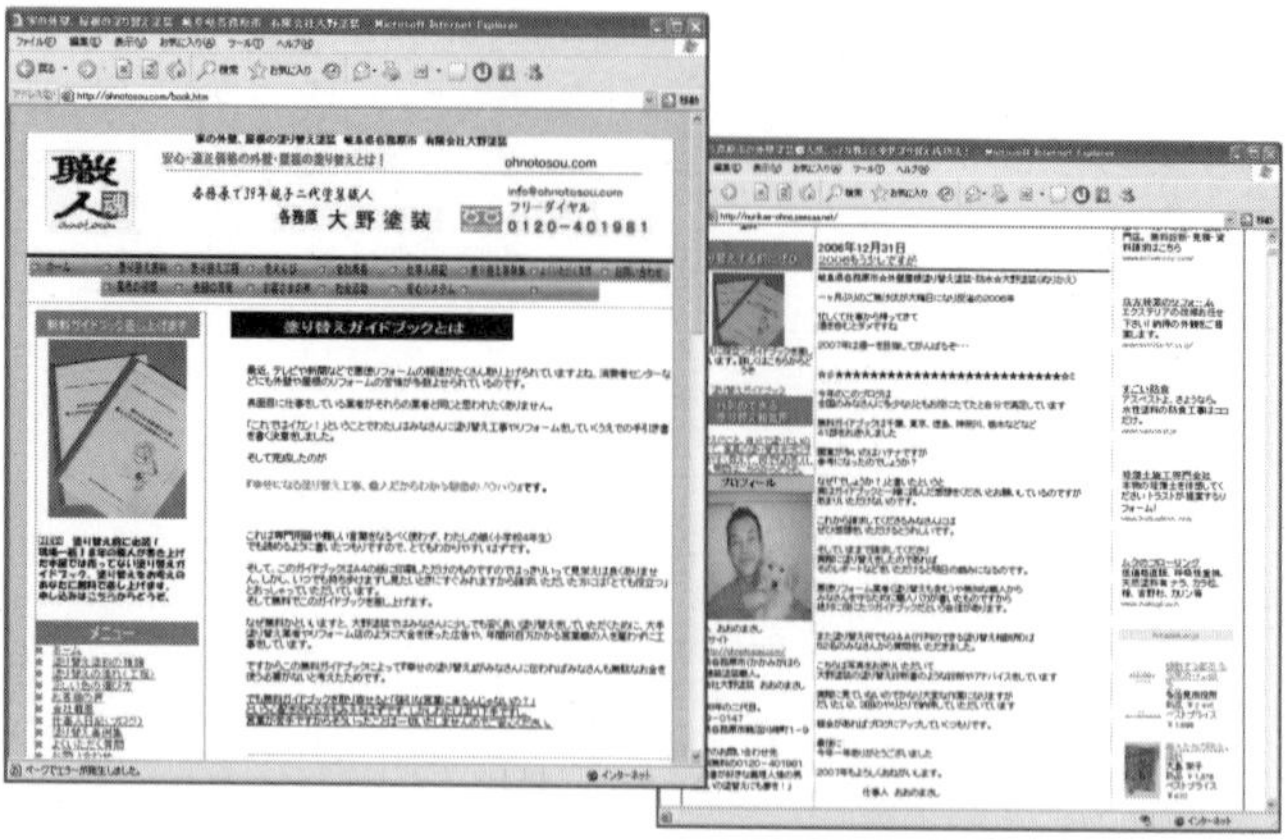

●大野塗装のホームページ（左）とブログ（右）
http://ohnotosou.com/
http://nurikae-ohno.seesaa.net/

簡易製本してお客様に配布しています。

ウェブサイトもブログも全部手づくり。それもまた職人さんならではの味わいです。人柄がよく現れていて、小冊子の印象ともよくマッチしています。

「手間はかかっていますが、洒落たものにするよりも、自分らしく、職人らしさを表現するほうがいいように感じています。実際に会ってみて、『えっ、実際の印象と違う』だと困ってしまいますから。いまはタウンページとタウン情報誌2誌に、不定期ですが広告を出し、ウェブサイトとともに資料請求先を掲載しています。今後の課題は、原稿を印刷・製本して長く保存してもらえるようにすることです。また、さらに正しい家の塗り替え法についてお伝えできるよう、多くの方に小冊子に目を通していただけるようにしなければと思います」

お読みになったお客様からは『職人としての姿勢に感銘を受けました』『大野さんの誠実そうな人柄がよくわかりました』というお声をいただいています。そのなかから、地道に成約へとつながった実績もあります。

今度、請求者の数をもっと増やしたいと思ったら、意図的に地域で口コミを発生させるような仕組みづくりを心がけるとよいでしょう。

大野さんは地元幼稚園の壁画制作を手伝うなど、地域での社会活動にも熱心です。

そういった活動をきっかけに、学校の先生や幼稚園の先生、行政にお勤めの方々にまで口コミが広がれば、悪質な業者による被害からお客様を守り、より多くの方々に、安全・適正価格で塗り替え工事を行なっていただけるようになるでしょう。

おわりに

想いを伝えるすばらしさ

ここまでお読みくださり、ありがとうございます。

私はビジネスの現場でたたき上げられた、いわゆる一流のビジネスウーマンではありません。第二次ベビーブームの時代に生まれ、いわゆる中流家庭で育ち、いわゆる「中の上」くらいの人生をいままで歩んできました。

過去に大きな会社に勤めて華々しく活躍していた経験があるわけでもありませんし、もっと言えば、モノを売る営業の経験すら一度もないのです。

正直に申し上げて、勝ちに飢えた猛者たちが集うビジネスの世界で、戦いに挑んでいこう、何がなんでも上にのし上がってやろう、という気迫のようなものは不足していると思います。

けれど、そんな私でも、初めて小冊子に出会ってから5年としないうちに、創立した会社を小冊子作成ナンバーワンカンパニーであると公言し、こうして小冊子の本を出版することができるようになりました。

さまざまな出会いに恵まれたからに他なりませんが、その理由をあえてひとつ申し上げるならば、文章を書くことだけでなく、お客様やパートナーのライター、デザイナー、印刷会社などの取引先との信頼関係を築く上で、小冊子を読んでもらうのはもちろんのこと、さまざまな場面において想いを言葉にして伝える努力をしてきたからだと思っています。

こちらが懸命に伝えようと思っても、すんなりいくことばかりではありません。

「伝える努力はしているものの、なかなか伝わらないから疲れてしまう」「何度言ってもわからないのは相手の能力が足りないからだ」「どうせ自分はひとりぼっちなんだ」……。

そんなふうに投げやりになってしまうときもあるかもしれません。

でも、伝える努力を放棄してしまえば、解決策を見つけることもできません。

どんなに商品がすばらしくても、どんなに高い技術を誇っていても、どんなにすぐれたサービスを行なっていても、それを伝えることができなければ、永遠にストレスからは解放されないのです。

あなたにも想いを伝えていただきたい。

伝えることで、会社のファンを増やしていっていただきたい。

私はそう強く願っています。

想いの伝わる小冊子をつくりましょう。

小冊子というツールによって、会社の強みやご自身の胸のなかにある想いを、強く正しく表現していきましょう。

この本を、そのために役立てていただけるとしたら、これほどうれしいことはありません。

一人ひとりの名前を記すことはしませんが、この私を信頼し、出版という貴重な機会を与えてくださった方々。

いつも力強く支えてくださる方々。

あたたかく見守ってくださる方々。

そして、私と出会ったすべての「あなた」に、感謝の気持ちをお伝えします。


ありがとうございます。

はなまるライター　あらがみかずこ

◇最後までお読みくださったあなたへ

読んでみて、「ココがよくわからない！」「もっと詳しく話を聞かせてほしい！」「さらに役立つ情報がほしい！」などと思われる方は、当社ウェブサイトをご覧の上、いつでもお気軽にご連絡ください。

精一杯の気持ちを込めて、対応いたします。

有限会社はなまる企画　http://www.e-hanamaru.jp/

ダウンロードページのお知らせ

本文に掲載している小冊子2冊の原稿を、Web上からPDFファイルでダウンロードできます。

この2冊の小冊子、
**入門編『お客様と信頼関係を築く広告ツール
小冊子の魅力を徹底解剖！』**、
**実践編『これがホンモノ！
心に響く小冊子の虎の巻』**
は、本書の著者・
はなまるライター　あらがみかずこが作成したもので、過去2年間にわたり（再版を含む）実際に活用し、結果を出してきたものです。
本書とあわせてお読みになることで、小冊子についての理解がより深まります。
ぜひ、以下のURLからダウンロードしてください。

↓

http://www.e-hanamaru.jp/pdf/

はなまるライター
あらがみかずこ

小冊子マーケティングライター／経営者の強みを引き出すインタビュアー
有限会社はなまる企画　代表取締役

東京女子大学文理学部史学科卒業後、特殊法人勤務を経て編集プロダクションに就職。編集者として活躍後、2000年フリーランスのライターとして独立、小冊子マーケティングと出会う。2005年有限会社はなまる企画を創立。「会社のファンを増やす」小冊子作成の第一人者として、過去3年間でのべ100社近くの中小企業の小冊子を作成代行する。ＮＬＰや統計心理学を取り入れたインタビューにより経営者の強みや想いを引き出し、「伝わる文章を書く」ことで業績アップにつなげる小冊子づくりに定評がある。女性ならではの感性や心づかいを大切に、読み手の立場に立ったツールづくりの支援・アドバイスも行なっている。

小冊子作成No.1カンパニー　はなまる企画
Webサイト●http://www.e-hanamaru.jp/
E-Mail●info@e-hanamaru.jp
フリーダイヤル●0120-757-870
FAX●04-2925-3331

お客の心をぎゅっとつかむ！　小冊子作成講座

平成19年2月23日　初版発行

著　者 —— あらがみかずこ
発行者 —— 中島治久
発行所 —— 同文舘出版株式会社
東京都千代田区神田神保町1-41　〒101-0051
電話　営業03(3294)1801　編集03(3294)1803
振替　00100-3-42935
http://www.dobunkan.co.jp

ISBN978-4-495-57431-4
印刷／製本：三美印刷　Printed in Japan 2007